▌개정판▌

정치학 연구방법론

- 경험과학연구의 규준과 설계 -

김웅진 · 김지희 공저

명지사

□ 개정판 머리글

이 책의 초판이 출간된 후 여러 동료들과 학생들이 잘못된 부분, 모호한 부분을 지적해 주셨지만 바로 잡을 기회를 얻지 못했다. 2012년 첫 머리에 개정판이 출간될 수 있도록 배려해 주신 명지사 최병문 사장님께 깊은 사의를 표한다.

개정은 크게 세 가지 측면에서 이루어졌다. 첫째, 사용된 용어의 의미를 분명히 밝히고, 다양한 명칭으로 불리는 용어들은 혼란을 없애기 위해 모두 한 가지로 통일했다. 둘째, 반복적 진술과 오해를 불러일으킬 수 있는 진술들을 모두 제거했다. 셋째, 2장 '인과관계와 인과모형'을 전면적으로 재작성했다. 결과적으로 책의 길이가 줄어든 대신 내용의 명료성과 가독성이 커졌다고 볼 수 있다.

그간 개정작업을 미루어 온 학문적 무책임성에 대해 두 저자 모두 죄송스럽게 생각하고 있다. 원고작성과 교정에 큰 도움을 준 한국외국어대학교 정치외교학과 대학원 박사과정 이서영과 학부 3학년 윤재민에게 고맙다는 말을 전한다.

2012년 2월

한국외국어대학교 연구실에서 김웅진

비교민주주의연구센터 연구실에서 김지희

□ 머리글

연구방법론은 과학적 지식의 생산과정을 통제하는 핵심적 기제로서, 연구문제와 그 풀이의 맥락을 동시에 함축하고 있다는 측면에서 연구전통의 고유성을 담보해주는 과학체계의 근간이라고 말할 수 있다. 따라서 방법론적 엄정성과 치밀성은 비단 정치학연구뿐만 아니라 모든 과학적 연구의 필수조건이 된다.

경험과학적 정치학연구의 방법론적 규준, 설계와 과정을 소개하고 있는 이 책은 1992년 5월 김웅진이 명지사를 통해 출간한 『정치학방법론서설』의 전정판全訂版이며, 김지희에 의해 대폭적인 수정 증보가 이루어지는 과정에서 거의 새로운 책의 성격을 갖게 되어 제목이 『정치학 연구방법론』으로 바뀌었다. 내용을 요약해보면, 우선 서론에서 과학, 과학적 지식과 연구방법론의 관계를 규정한 다음, 1장으로부터 3장까지 경험과학연구의 주요 분석규준들을 과학적 이론의 의미와 역할, 인과관계의 추론과 인과모형, 개념과 개념화로 나누어 논의하였다. 그리고 4장에서는 앞서 다룬 여러 가지 규준들이 연구설계에 어떻게 반영되는지를 살펴보고, 마지막으로 두 저자 가운데 한 사람이 실제로 수행한 연구를 연구설계에 초점을 두어 재구성함으로써 읽는 이들이 경험과학적 정치학연구의 흐름을 이해할 수 있도록 하였다.

대부분의 연구방법론 교과서들은 주로 관측방법과 가설검증방법의 운용절차를 소개하는 데 주안점을 두고 있다. 그러나 톱이나 망치를 잘 다룬다고 해서 훌륭한 집을 지을 수 있는 대목大木이 되는 것은 아니다. 따라서 이 책을 먼저 읽은 뒤에 다른 교과서들을 접한다면 정치학 연구방법론의 과학철학적 기반과 그에 입각한 다양한 연구방법의 논리를 균형 있게 파악할 수 있으리라 생각한다. 아무쪼록 이 책이 수많은 정치학도들에게 과학적 사고의 기쁨을 안겨줄 수 있는 길잡이가 되기 바라며, 쾌히 출간을 맡아주신 명지사의 최병문 사장님, 그리고 원고를 처음부터 끝까지 세밀하게 검토하여 잘못된 부분을 지적해준 한국외국어대학교 정치외교학과 BK21 지역연구전략개발팀의 이은정 연구원에게 깊은 사의를 표한다.

2005년 9월 신학기 첫머리에

서울 이문동 캠퍼스 연구실에서 김웅진
춘천 옥천동 캠퍼스 연구실에서 김지희

차 례

□ 그림, 표, 식 차례

▌서론 ▌

연구방법론의 과학적 위상

1. 과학

1) 과학 · 과학적 지식 · 연구방법론

과학science이란 무엇인가? **과학적 지식**scientific knowledge은 어떤 지식인가? 연구방법론research methodology의 과학적 위상을 파악하기 위해서는 우선 과학, 과학적 지식과 연구방법론의 관계를 살펴보아야 한다.

엄격한 과학철학적 입장에서 볼 때,[1] 과학은 경험적 현상empirical

1_ 과학철학은 과학의 목표, 과학적 지식과 과학체계의 속성, 과학적 지식의 생산과정에 적용되는 분석규준과 협약에 관한 논리적 담론을 지칭하는 철학의 한 영역이다. 특히 사회과학철학의 영역에 관해서는 Lewis-Beck, M, *et al.*, eds. 2004. *The Sage Encyclopedia of Social Research Methods*, Vol. 2.

phenomenon의[2] 생성경로에 관한 지식을 생산하는데 사용되는 일단의 분석규준analytic canons을 뜻한다. 바꾸어 말해서, 과학은 지식 그 자체가 아니라 지식을 만들기 위한 논리적 기제logical instrument이다.

연구방법론research methodology은 이러한 분석규준을 연구대상에 구체적으로 적용하는 절차와 방법procedures and methods을 포괄적으로 지칭하며, 과학사회 속에서 타당성이 인증된 연구방법론에 따라 생산된 지식은 과학적 지식의 칭호를 얻게 된다. **과학으로서의 정치학**political science은 사회과학, 자연과학의 다른 분야와 더불어 연구방법론을 공유하고 있고, 그렇기 때문에 이를 통해 생산된 지식은 정치현상에 관한 논리적이자 체계적인 과학적 지식이 된다.

여기에서 과학으로서의 정치학의 경계demarcation를 어디까지로 정할 것인가 논의해 볼 필요가 있다. 앞서 말한 것처럼 과학의 범주를 분석규준에 제한한다면 과학으로서의 정치학 역시 하나의 **유리스틱**heuristic에 불과하고, 따라서 그러한 유리스틱을 정치현상이라는 독특한 인간현상의 연구에 적용한다는 점 이외에 여타 과학과 다르지 않다고 말할 수 있다. 즉, 과학으로서의 정치학과 여타 과학을 구분하는 경계는 어떤 현상을 연구대상으로 삼느냐, 그리고 연구결과를 어떻게 해석하느냐에 놓여 있을 뿐이다.

그러나 보다 넓은 의미에서 볼 때, 과학으로서의 정치학은 정치현상의 표출양상과 생성경로에 관한 지식, 즉 **정치이론**political theory을 포함한다.[3] 정치이론은 과학으로서의 정치학이 견지하고 있는 유리스틱

Thousand Oaks · London · New Delhi: Sage, pp. 816-821에 간략히 요약되어 있음.

2_ 인간의 감각경험과 그에 입각한 논리적 추론을 통해 모습과 속성을 확인할 수 있는 현상.

3_ 정치이론이라는 용어는 정치철학적 명제를 중심으로 한 규범이론normative

의 소산이지만, 정치학이 실용성과 실천성을 확보하기 위해 반드시 요구되는 학문적 구성인자이다. 즉, 정치학이 사회적으로 유용한 과학체계로 정립되기 위해서는 지식의 측면이 강조될 수밖에 없고, 따라서 지식생산과정에 적용되는 연구방법론은 정치학연구를 포함한 모든 과학연구에 있어서 가장 핵심적인 위상을 차지하고 있다 해도 과언이 아니다.

● 유리스틱

특정한 과학체계(연구프로그램research programme) 내에서 적실성과 정당성이 광범위하게 인증된 분석규준과 절차, 혹은 "강력한 문제풀이 기제a powerful problem-solving machinery."4

2) 과학의 목적

(1) 설명과 예측

과학이 지식생산을 지향한다면 그것은 과연 무엇을 위한 지식인

---

theories까지 포함하여 광범위한 의미로서 사용되는 경우가 많지만, 여기에서는 정치현상의 표출양상에 관한 경험적 지식empirical knowledge의 집적체를 지칭한다.

4_ Lakatos, I. 1986. *The Methodology of Scientific Research Programme*. London: Cambridge University Press, pp. 4-6.

가? 과학의 첫 번째 목적은 경험적 현상의 **설명**explanation에 놓여 있다. 즉, 과학은 연구대상으로 선택된 현상이 **왜 나타났는가**라는 질문에 답하려 한다.**5** 예로서 정치불안정은 왜 나타나는가? 정치체제의 변동은 어떤 원인과 조건에 따라 이루어지는가? 이념정향ideological orientation이나 정당선호party preference와 같은 개인의 정치적 태도는 무엇에 따라 형성되는가? 이와 같은 연구퍼즐research puzzle에 대한 답을 찾아냄으로써 어떤 현상의 인과적 생성경로를 추적하는 작업을 설명이라 부르며, 과학은 설명에 필요한 도구적 지식을 만들어내는 데 목표를 둔다. 네이글E. Nagel에 따르면,

> …과학의 고유한 목적은 설명의 원리에 따라 지식을 체계화하고 분류하는 것이다. 보다 구체적으로, 과학은 다양한 현상들이 그 아래에서 발생하는 조건들을 찾아내어 일반적인 용어로서 구축하려 시도하는데, 그와 같은 결정조건들[의 도출작업]이 바로 설명에 해당된다. 이러한 목적은 연구대상이 지닌 속성들을 도출하여 분리해낸 다음 그들 사이에 나타나는 인과관계의 지속적 유형을 발견함으로써 달성된다…**6**

5_ McGaw, D. and Watson, G. 1976. *Political and Social Inquiry*. New York: Wiley, p. 59; Kaplan, A. 1998. *The Conduct of Inquiry*. New Brunswick, NJ: Transactions Publishers, p. 329; Nagel, E. 1979. *The Structure of Science*. London and Henley: Routledge & Kegan Paul, pp. 15-28.

6_ Nagel(1979), p. 4. [ ]로 묶인 부분은 읽는 이의 이해를 돕기 위해 저자가 추가한 것임.

설명에 사용되는 도구적 지식을 **이론**theory이라 부른다. 즉 이론은 어떤 현상이 일정한 원인과 조건에 따라 반복적·규칙적으로 발생한다는 인과형 진술causal statement이며, 설명은 연구대상으로 주어진 개별적 사건이 이론의 한 구체적 사례라는 것을 연역적으로 논증하는 작업이다. 이론의 구조, 유형과 기능, 그리고 보다 상세한 설명의 논리에 관해서는 1장에서 다시 다루기로 한다.

두 번째로 과학은 **예측**prediction을 목적으로 한다. 그런데 예측은 설명과 마찬가지로 이론을 통해 이루어지기 때문에 논증구조의 측면에서 볼 때 설명과 동일한 작업이다. 즉, 우리는 이론에 입각해서 어떤 현상이 일정한 원인과 조건에 따라 발생한다는 사실을 알게 되며(설명), 따라서 이론이 상정하고 있는 원인과 조건이 관측될 때 그로 인한 현상이 곧 발생할 것이라 기대할 수 있다(예측).7 이처럼 설명과 예측은 본질적으로 같은 작업이며 둘 사이의 차이는 단지 연구의 목적에 놓여 있을 뿐이다. 헴펠C. Hempel의 말을 인용하면,

> …과학적 설명과 과학적 예측 사이의 차이는 논증구조가 아니라 실질적인 목적에 놓여 있다. 즉, 설명의 경우에는 결론으로 제시된 현상이 이미 나타난 상태에서 그러한 현상을 설명하기 위한 적절한 보편법칙[전제]과 경험적 정보들이 추구되나, 예측에 있어서는 일단 법칙이 주어진 상황에서 그로부터 귀결되는 현상[결론]의 발생을 기대할 뿐이다. 이러한 착상을 설명과 예측 간의 구조적 동일성 명제the thesis of structural identity of explanation and prediction라 칭하기도 한다…이와 같은 명제로부터

7_ McGaw and Watson(1976), p. 79.

> 다시 아래와 같은 두 가지의 하위명제sub-thesis를 끌어낼 수 있다. 첫째, 모든 적절한 설명은 잠재적 예측에 해당된다. 둘째, 모든 적절한 예측은 잠재적 설명이다…[8]

예로서 어떤 정치학자가 의회제 정부parliamentary government의 안정성에 관한 워릭P. Warwick의 이론을[9] 통해 영국정부의 안정성이 나타내는 변화를 설명하는 데 성공했다 하자. 워릭에 따르면 실업률이 의회제 정부의 안정성을 결정하는 중요한 요인 가운데 하나이다. 따라서 영국의 실업률이 높아진다면 정부의 안정성이 약화될 것이라 기대할 수 있다. 만약 이러한 예측이 옳은 것으로 밝혀진다면 이 학자는 비단 설명뿐만 아니라 예측에도 성공한 셈이 된다. 요컨대 설명과 예측은 연구의 목적에 따라 같은 작업에 붙여지는 다른 명칭에 불과하기 때문에 과학적 연구의 핵심은 결국 설명으로 모아진다.

(2) 서술

과학의 세 번째 목적은 정확한 **서술**description이다. 서술은 연구대상의 표출양상과 속성을 체계적으로 추적・제시하는 작업이며, 어떤 과학적 시각을 견지하느냐에 따라 사용되는 매체media가 달라진다. 예로

8_ Hempel, C. 1965. *Aspects of Scientific Explanation.* New York: Free Press, p. 367. [ ] 속의 말은 읽는 이의 이해를 돕기 위해 저자가 추가한 것임.

9_ Warwick, P. 2007. *Government Survival in Parliamentary Democracies.* Cambridge: Cambridge University Press.

서 이 책이 채택하고 있는 경험과학적 시각은 보편적 **감각경험**sensory experiences을 전달할 수 있는 실증지표empirical indicators를[10] 통해 연구대상의 모습을 재구성해야 한다고 규정한다. 즉, 경제성장을 서술하려 할 때 국민총생산GNP, 국내총생산GDP이나 교역량과 같은 계량적 지표를 사용한다.

경험과학empirical science의 기본전제[11]

① 실존 세계는 인간의 감각경험과 그에 입각한 논리적 추론을 통해 그 모습이 밝혀질 수 있다.
② 모든 현상은 일정한 인과적 질서causal order에 따라 생성되며, 과학의 목표는 그러한 질서를 추적하는 것이다.
③ 과학적 지식은 상대적이며 역동적이다. 실존 세계는 늘 변화하기 때문에 최종적, 단정적 지식은 존재할 수 없다.

흔히 서술은 과학적 연구에 있어서 그다지 큰 중요성이 없다고 여겨지기 때문에 설명과 예측에 비해 경시된다. 그러나 모든 과학적 연구는 서술로부터 출발한다는 사실을 잊어서는 안 된다. 왜냐하면 연

10_ 혹은 계량지표quantitative indicator.

11_ 경험과학의 존재론적ontological, 인식론적epistemological 입장에 관해서는 방대한 문헌이 있으나, 핵심적 시각과 그 변화의 흐름을 간략하게 정리한 책으로서는 Wilson, J. 1983. *Social Theory*. Englewood Cliffs, NJ: Prentice-Hall, pp. 11-19; Caldwell, B. 1982. *Beyond Positivism: Economic Methodology in the Twentieth Century*. London: George Allen and Unwin, Part I 등을 들 수 있다.

구대상의 표출양상을 면밀히 파악하지 않고서는 그것이 왜 발생했는지에 관한 정확한 정보를 얻을 수 없고, 설령 얻었다 해도 모호성과 산만성으로 인해 쓸모없는 것이 될 가능성이 크기 때문이다. 수많은 이론이 설명에 실패하는 이유에는 여러 가지가 있겠으나, 그 중에서도 잘못된 서술에 기인하는 경우가 대단히 많다. 특히 이론의 도출과정에 있어서 서술은 이론의 구성단위가 되는 개념concept의 정립과 불가분의 관계를 지니는데, 그 연관성에 관해서는 3장에서 상세히 논의하기로 한다.

2. 과학적 지식의 특성

1) 객관성과 상호주관성

과학적 지식의 첫 번째 특성은 **객관성**objectivity이다. 과학적 지식은 생산자의 주관을 반영해서는 안 되며, 가능한 한 연구대상의 모습을 있는 그대로 보여주어야 한다. 그러나 과연 지식생산과정에서 연구자의 고유한 주관적 인식을 완전히 배제할 수 있느냐에 관한 논란이 지속적으로 전개되어왔다.12 즉, 어떤 학자들은 과학연구는 단지 상대

12_ 특히 사회과학연구에 있어서 연구자의 주관적 인식에 관한 논의로서는 Riley, G., ed. 1974. *Values, Objectivity, and the Social Sciences*. Reading, Mass.: Addison-Wesley; Brodbeck, M., ed. 1968. *Readings in the Philosophy of the Social Sciences*. New York: Macmillan, Part

적 객관성을 지향할 뿐이라고 주장하며, 또 다른 학자들은 객관화의 논리, 그 가운데에서도 특히 **가치중립**value neutrality의 논리는 완전한 허구로서 이념적 편견을 감추기 위한 구호에 불과하다고 비판하기도 한다.[13]

물론 엄정하고도 완벽한 '객관적 지식'을 만들 수는 없다. 즉, 연구대상으로 주어진 현상의 인지와 해석에 있어서 주관적 인식의 영향을 배제하기란 불가능하다. 그렇기 때문에 경험과학연구에 있어서의 객관성은 **상호주관성**intersubjectivity, 곧 공통적 주관 또는 주관적 인식의 일치상태를 지칭한다.[14] 바비E. Babbie는 상호주관성을 통해 객관성을 확보하는 과정을 아래와 같이 쉽게 풀어 이야기하고 있다.

> …우리는 어떤 사물을 [주관적] 태도, 견해나 시각에 따라 인지한다. 즉, 베토벤이 더 위대한 작곡가인가 혹은 모차르트가 더

Two "Values and Social Science"; Kaplan(1998), Chapter X "Values"; Dallmayr, F. and McCarthy, A., eds. 1977. *Understanding and Social Inquiry*. Notre Dame, Ind.: University of Notre Dame Press, Part I "Max Weber on Verstehen", Part II "The Positivist Reception" 등을 참조할 것.

13_ 예로서 Gouldner, A. 1968. "The Sociologist as Partisan: Sociology and the Welfare State." *American Sociologist* 3, pp. 103-116; Keat, R. 1981. *The Politics of Social Theory*. Chicago: University of Chicago Press, Chapter 1 "The Critique of Positivism", Chapter 2 "Value-Freedom and Socialist Theory"; 김웅진. 1996. 『방법론과 정치적 실존』 서울: 인간사랑, pp. 101-121 등에 나타난 경험과학의 가치중립명제에 대한 비판과 그에 대한 역비판을 참조할 것.

14_ 과학적 지식생산과정에 있어서 상호주관성의 의미에 관한 가장 명료한 논의로서는 Popper, K. 1999. *The Logic of Scientific Discovery*. London and New York: Routledge, pp. 44-48을 볼 것.

> 위대한가 따위의 판단을 내리는 문제는 주관적 문제이며, 어디까지나 그러한 판단을 내리는 사람의 경험에 좌우된다. 한편 우리는 당신이 지금 손에 쥐고 있는 이 책을 당신의 경험이 어떠한 것이든 상관없이 객관적으로 존재하는 사물이라 여긴다. 비록 이처럼 '객관적'이라는 것이 '주관적 심상으로부터의 탈피 independent of mind'로 정의된다 하더라도 객관성은 어디까지나 우리의 심상 속에 존재할 뿐이다. 그래서 실제 연구에 필요한 하나의 기준으로서 우리는 객관성을 상호주관성으로 대체한다. 만약 우리 가운데 몇 사람이 무엇인가가 [특정한 모습으로] 존재한다고 합의한다면, 우리는 그것이 마치 객관적 실존인 것처럼 여긴다. 즉, [상호주관성이란] 동일한 대상을 연구하는 두 명의 다른 연구자가 같은 결론에 도달했을 때 얻어지는 과학적 특성이며, 궁극적으로 이것이 바로 객관성을 판정하는 실질적 척도가 된다. 우리는 어떤 현상의 표출양상에 관한 견해가 각기 다른 주관적 시각을 지닌 관측자들에 의해 '옳다고' 여겨질 때 그것을 '객관적 진실'이라 합의할 뿐이다…**15**

한편 과학연구에 있어서 객관성은 지식 자체의 객관성이 아니라 **도구적 객관성**instrumental objectivity을 지칭하고 있다는 점에 주목해야 한다. 즉, 어떤 과학적 지식을 객관적 지식이라 부르는 이유는 그러한 지식이 연구대상의 모습을 있는 그대로 보여주고 있기 때문이라기보다는 지식을 생산해낸 방법의 논리가 객관성이 있다고 보기 때문이다. 요컨대 객관적 방법 혹은 객관적이라고 널리 합의된 방법을 통해 생산

15_ Babbie, E. 1986b. *The Practice of Social Research*. Belmont, CA: Wadsworth, pp. 36, 556. [ ] 속의 말은 저자가 추가한 것임.

된 지식은 그러한 방법의 객관성을 그대로 이어받게 된다. 물론 이러한 도구적 객관성의 수준 역시 특정한 지식생산방법의 타당성이 얼마나 광범위하게 인정되는가에 따라 달라진다. 즉, 모든 분석방법은 그것이 과학적으로 타당한 방법이라고 여기는 사람들에게 있어서만 객관적 방법이 된다.

2) 합의성과 개방성

과학적 지식의 두 번째 특징은 합의성이다. 우리는 어떤 지식이 타당하다고 합의했기 때문에 '과학적'이라는 수식어를 붙인다. 이러한 시각은 과학적 지식의 절대성 · 불변성 · 영속성을 부정하는 것으로서, 모든 과학적 지식은 변화가능성을 내포하고 있다는 **상대주의적 입장** relativism을 반영하고 있다.[16]

천동설天動說은 우주의 운행법칙으로서 오랫동안 받아들여졌다. 천동설이 객관적 지식 또는 진리로서 대부분의 사람들에 의해 옳다고 인정받던 때가 있었던 것이다. 그러나 오늘날 천동설을 믿는 사람은 없으며, 지구가 태양을 중심으로 공전한다는 지동설地動說이 과학적 지식으로 받아들여지고 있다. 그렇다면 무엇이 하나의 진리를 다른 진리로 대체했는가? 천동설은 부정하면서도 그에 입각한 여러 가지 부수적 지식들, 예로서 항해이론이나 방위이론을 받아들이는 이유는 무엇인가? 천동설을 과학적 무지의 표상이라 여기면서도 최신형 항공기의 자동항법장치가 고장 났을 때 별의 움직임을 추적하는 천문항법

16_ McGaw and Watson(1976), p. 13.

을 이용해 비행하는 상황을 어떻게 받아들일 수 있는가?

이러한 예는 이 밖에도 얼마든지 있다. 과거에는 모든 질병의 원인이 체외로부터 흡수된 무기적無氣的 독소라고 믿었다. 물론 그 당시에도 의사들이 있었으며, 사람들은 병에 걸리게 되면 '독소설'을 따르는 의사를 신뢰하고 몸을 맡겼다. 그러나 오늘날 모든 병이 독소 때문에 생긴다고 여기는 사람은 극히 원시적 환경에 놓여 있는 이들을 제외한다면 거의 없을 것이다. 우리는 이제 바이러스와 같은 미생물이나 세균의 존재를 믿고 있고, 특정한 종류의 바이러스가 침투했기 때문에 감기에 걸렸다는 의사의 진단을 진리로서 받아들인다. 옛 '독소설'은 한낱 웃음거리로 전락한 것이다.

사회과학연구도 크게 다르지 않다. 사회근대화론modernization theories이 소개되고 있던 당시, 즉 1950년대로부터 1960년대 말엽에 이르기까지 대부분의 정치학자와 사회학자들은 제3세계의 신생독립국가들이 겪고 있던 심각한 정치불안정은 경제발전을 통해 극복될 수 있으리라 믿었다. 즉, 경제가 발전하면 생활수준이 높아지기 때문에 경제발전을 주도한 정권에 대한 국민의 신뢰가 커져 정치안정이 확보된다는 것이었다. 이러한 지식은 신생국들에 대한 과학적 비교분석을 통해 얻어진 것이었기 때문에 당연히 과학적 지식의 칭호를 획득했고, 비단 학자들뿐 아니라 정책입안자, 정부관료들에게까지 전파되어 서구 선진산업국가의 제3세계정책을 뒷받침해주었다. 그러나 오래지 않아 경제발전과 정치안정 간의 관계가 그다지 선형적linear이지 않다는 사실이 역시 과학적으로 밝혀졌으며, 아울러 그러한 관계 사이에 개입하는 무수한 간섭인자들이 있다는 것도 새롭게 판명되었다. 그렇다면 틀린 지식도 과학적이고 그것을 대체하는 새로운 지식도 과학적이라는 뜻인가?

또 다른 예를 들어보자. 최근 경험과학적 사회학연구의 허구성을 지적하는 데 주로 거론되는 구조기능이론structural-functional theories은 1950년대 중엽 미국 사회학자 파슨즈T. Parsons에 의해 소개되었을 때만 해도 '사회과학의 과학화'를 위한 돌파구를 열었다는 찬사를 받았으며, 1960년 후반에 이르기까지 사회학 · 정치학 · 인류학 · 심리학 · 경영학을 포함하여 거의 모든 사회과학분야를 사로잡은 지배적 패러다임paradigm으로 위세를 떨쳤다.[17] 그리하여 모든 사회적 행위는 체계유지system maintenance를 위한 필수기능의 차원에서 논의되었고, 사회체계는 균형을 지향한 본연적 역동성을 지녔다는 보수적 전제가 적어도 학문적인 진리로서 널리 받아들여졌다. 그러나 오늘날 구조기능이론을 과학적이라 일컫는 이는 거의 없으며, 많은 사회과학자들이 구조기능이론이 지닌 주요 개념의 추상성과 그에 따른 검증불가능성 등을 지적하면서 그것이 얼마나 비과학적인가를 낱낱이 파헤치고 있다. 왜 한때 그토록 과학적이라 칭송받던 구조기능이론이 오늘날에 와서는 한날 '비과학적 서술의 틀'로 전락하고 말았는가? 이에 관해 바비는 아래와 같이 말하고 있다.

> …결국 우리가 지닌 유일한 객관성의 근거는 상호주관성이다… 서로 다른 연구자들이…동일한 [연구]결과를 내어놓는다면 우리는 그들이 제시한 연구결과가 객관적이며 실제와 같은 것이라고 믿는다…과학의 본질을 이해하기 위해서는 특정 시점에서

17_ 패러다임은 과학계 내에서 주도적 위치를 확보한 정상과학normal science이 상정하고 있는 연구문제와 이론적 · 방법론적 분석규준을 포괄적으로 지칭하는 용어임. Kuhn, T. 1970. *The Structure of Scientific Revolutions*. Chicago: University of Chicago Press, pp. 1-51 참조.

> 얻어진 과학적 지식은 과학자들 간에 [타당하다고] **합의된 지식**임을 잊지 말아야 한다. 그런데 과학적 논거란 근본적으로 학자들 사이에 합의된 것이기 때문에 시간이 지나면 계속 변하게 마련이다…18

과학적 지식은 항상 역사문화적 종속성을 지닌다. 즉, 과학적 지식을 뒷받침하는 근거뿐 아니라 그러한 근거를 얻는 방법 역시 지식이 만들어질 당시의 고유한 지적 환경과 연구전통에 따라 그 타당성이 결정된다. 이처럼 과학자들은 역사문화적 환경이 허락하는 방법, 즉 타당하다고 합의된 방법을 통해 지식을 생산하기 때문에, 우리는 **객관적 실존**objective reality과 **합의된 실존**agreed reality을 구별해야 한다.

앞서 들었던 예로 되돌아가보자. 우리가 바이러스의 침투로 인해 감기에 걸린다고 믿는 이유는 바이러스의 존재를 확인시켜주는 도구인 전자현미경이 관측대상을 객관적으로 보여준다고 합의했기 때문이다. 따라서 전자현미경이 미생물을 확대하여 보여주는 적절한 도구가 아니라고 주장하면서 현미경의 과학적 타당성을 부정하는 사람은 현미경을 통해 얻어진 모든 지식을 비과학적이라고 비판할 것이다. 결국 어떤 지식의 과학성을 판정하는 가장 기본적인 척도는 대부분의 과학자들이 타당하다고 합의한 방법에 의해 그 지식이 생산되었는가의 여부이기 때문에, 연구방법론은 과학연구의 모든 과정에 있어서 핵심적 위상을 차지할 수밖에 없다. 방법론에 대한 합의가 바뀌면 어떤 지식이 지닌 과학적 위상도 바뀔 가능성이 높고, 이에 따라 모든

18_ Babbie, E. 1986a. *Observing Ourselves*. Belmont, CA: Wadsworth, pp. 25, 27. [ ] 속의 말은 저자가 추가한 것임.

과학적 지식은 방법론적 상대성을 탈피할 수 없다.

3) 검증가능성과 반증가능성

세 번째로, 과학적 지식은 엄정한 절차를 통해 그 타당성이 입증될 수 있다는 데 또 하나의 특성이 있다. 즉, 진정한 과학적 지식은 **검증가능성**testability 또는 **반증가능성**falsifiability을 갖는다. 포퍼K. Popper에 따르면 "반증될 수 없는 이론은 비과학적이며, 반증불가능성은 흔히 생각하는 것처럼 이론의 강점이 아니라 약점"이다. 더 나아가 "이론의 진정한 검증은 그것을 반증 혹은 논박하려는 시도"이며, 이렇게 볼 때 "검증가능성은 곧 반증가능성과 같다"고 말할 수 있다.[19]

과학적 지식은 쉽게 부서진다. 왜냐하면 실제 현상이 지닌 다양한 면모들 가운데 어느 것을 지칭하는지 명백히 알 수 있도록 만들어진 개념들로 구성되어 있기 때문이다.[20] 반면 비과학적 상식은 무엇을 지칭하는지 명확하게 규정되지 않은 모호한 용어들로 이루어져 있고, 따라서 과학적 지식에 비해 잘 무너지지 않는다. 그러나 과학적 지식은 붕괴됨으로써 수정되고 발전된다. 즉, 과학자들은 자신이 도출한

19_ Popper, K. 1972. *Conjectures and Refutations*. London and Henley: Routledge & Kegan Paul, p. 26. 과학적 검증(반증)의 논리에 관해서는 Hempel(1965), pp. 39-46; Popper(1999), Chapter Ⅳ "Falsifiability"; Popper(1972), pp. 33-68, 253-292; Nagel(1979), pp. 7-10 등을 참조할 것.

20_ 즉, 과학적 개념은 지칭대상의 보편적 속성을 규정한 카테고리categories를 갖고 있으며, 각 카테고리가 지칭대상의 어느 속성과 상응하는가를 경험적으로 추적할 수 있게 만들어져 있다.

이론이 반증될 때 그것의 어떤 면모가 실제 현상과 일치하지 않는지에 대해 의문을 갖기 마련이며, 이러한 의문을 풀기 위해 노력함으로써 새로운 이론, 보다 강한 설명력을 지닌 이론을 도출하게 된다.

4) 축적성과 통합성

마지막으로 과학적 지식은 **상호축적성**과 **통합성**을 갖는다. 이러한 축적성은 과학적 개념이 갖고 있는 체계적 함의systematic import, 곧 호환성互換性의 소산이다. 과학적 지식은 앞서 말한 바와 같이 이론의 형태를 취한다. 그런데 이론의 구성단위는 개념이며, 같은 개념을 포함한 이론들은 서로 연결될 수 있다. 예를 들어 두 개의 이론 X → Y와 Y → Z는 바로 Y를 공유하고 있기 때문에 X → Y → Z라는 하나의 이론체계로서 통합될 수 있다. 이처럼 과학적 이론은 개념의 호환성에 따라 서로 연결되어 이론망theoretical web을 짜게 되고, 그럼으로써 개별적 지식들이 통합·축적되어 지식의 확장이 달성된다.[21]

통합성은 이론들이 서로 부딪히는 문제를 해결하는 과정에서 얻어지는 산물이라고도 할 수 있다. 만약 같은 현상의 생성경로를 설명하는 서로 다른 이론들이 있다고 가정해보자. 이러한 상충은 주로 두 가지 경우에 나타나는데, 첫 번째는 서로 다른 원인을 상정한 경우이고, 두 번째는 원인-결과의 관계양상에 관해 서로 다른 내용을 담고 있는 경우이다. 이때 연구자는 특정한 원인이 왜 어느 때에는 일정한

21_ 개념의 체계적 함의의 원리the principle of systematic import에 관해서는 McGaw and Watson(1976), p. 128과 이 책의 3장 3절을 참조할 것.

결과를 낳고 다른 때에는 그렇지 못한가, 그리고 서로 다르게 상정된 원인들 가운데 어느 것이 상대적으로 더 큰 힘을 발휘하는가를 새로운 연구퍼즐로 삼게 된다. 그러한 퍼즐을 푼다면, 예컨대 종전에는 미처 파악하지 못했던 개입인자의 영향력에 따라 원인-결과 간의 관계가 변화한다는 새로운 정보를 얻는다면 기존이론들은 새로운 개입인자를 포함한 새로운 이론, 즉 보다 포괄적이며 세련된 이론으로 통합될 수 있다.

3. 연구방법론의 구성

연구방법론은 앞서 말한 것처럼 과학적 지식(이론)을 생산하기 위해 일정한 분석규준을 연구대상에 적용하는 절차와 방법을 지칭하며, 따라서 ① **이론구축을 위한 자료획득 및 분석방법**과 ② **그러한 방법을 정당화하는 과학철학적 협약**으로 구성된다.

1) 과학철학적 규준과 논리

흔히 연구방법론이라 하면 단순히 자료를 모아 분석하는 기법data analysis techniques만을 떠올리는 경우가 많다. 그러나 연구방법론은 연구대상에 체계적으로 접근하기 위한 총체적 분석구도framework of analysis로서, 아래와 같은 세 가지 핵심사안에 관련된 과학철학적 규준에 기반을 두고 있다.

(1) 설명 · 예측 · 이론

가. 설명과 예측의 논증구조

연구대상을 과학적으로 설명한다는 것은 어떠한 논증작업을 지칭하는가? 설명에는 어떤 유형들이 있는가? 설명과 예측은 명확히 구분될 수 있는가? 이론이 어떻게 설명도구 혹은 예측도구의 역할을 수행할 수 있는가? 설명이나 예측의 성공과 실패는 설명전제로서의 이론에 어떠한 영향을 주는가?

나. 이론의 구조, 유형과 도출과정

과학적 이론은 어떤 구조와 유형을 갖고 있으며 각 유형의 특성은 무엇인가? 이론은 어떻게 도출되는가? 가설을 검증함으로써 이론을 구축한다는 것은 구체적으로 어떤 작업을 지칭하는가? 이론의 변화는 무엇에 기인하며, 어떤 경로를 통해 이루어지는가? 이론, 가설과 모형은 어떻게 구별될 수 있는가?

(2) 인과관계의 추론과 인과모형의 정립

가. 인과추론causal inferences

인과관계의 본질은 무엇인가? 인과관계는 어떻게 추론될 수 있는가? 현상들 간에 나타나는 관계가 어떤 논리적 · 경험적 속성을 나타낼 때 이들을 인과관계로서 규정할 수 있는가? 인과관계를 이론의 형태로 표현하기 위해서는 어떤 작업이 요구되는가?

나. 인과모형의 정립causal modeling

인과관계를 추적하기 위한 분석모형analytic model을 만드는 과정에서 관계의 구성단위에 각기 독립변인, 종속변인, 간섭변인 등의 위상을 부여하는 기준은 무엇인가? 모형을 구성하고 있는 작동변인과 모형 바깥에서 모형 속 인과관계에 영향을 주는 외부요인들을 어떻게 설정할 수 있는가? 인과모형에는 어떤 유형들이 있으며, 끝없이 퍼져 나가는 인과관계의 사슬을 적절히 끊어냄으로써 개방된 실제 세계를 폐쇄된 모형 속으로 가두는 작업은 어떻게 이루어지는가?

다. 조건과 개입인자의 통제control

이론이나 모형이 설명력을 발휘할 수 있는 시간적 · 공간적 성립선행조건은 어떻게 도출되며, 그 범주를 어떤 수준에서 확정할 것인가?

인과관계에 영향을 주는 개입인자의 존재를 확인하여 그 개입양상과 경로를 도출할 수 있는 방법은 무엇인가? 모형에 포함되지 않는 외부 요인들로부터의 영향력을 어떻게 제어하여 모형구조를 유지할 수 있는가?

(3) 개념화와 개념정의

이론의 구성단위인 개념이란 무엇이며 어떤 역할을 수행하는가? 과학적 개념이 지녀야 할 요건들은 무엇인가? 개념화conceptualization는 어떠한 단계와 절차를 거쳐 이루어지는가? 개념의 유형에는 어떤 종류가 있으며, 이들을 분류하는 기준은 무엇인가? 개념의 경험적 지칭성을 확보하기 위한 "교량橋梁의 원리bridge principles"는 왜 중요한가?

2) 자료획득 및 분석방법

위에서 살펴본 과학철학적 분석규준에 따라 연구대상으로 주어진 현상의 생성경로에 관한 이론을 구축하기 위해서는 이들을 연구대상을 구체적으로 적용하기 위한 방법이 요구된다.

(1) 관측 · 측정방법

연구대상의 보편적 속성을 지칭하는 개념을 어떻게 변인variable으로 재구성하여 그 속에 자료를 채워 넣는가? 가설이나 모형의 검증에 필요한 자료를 추적하고 수집하는 관측방법으로서는 어떠한 것들이 있는가? 이론이나 모형의 구성단위가 되는 변인들에 정량적 · 정성적 속성, 즉 변량變量을 부여하는 작업을 측정이라 할 때 그 유형과 구체적인 방법으로서는 어떠한 것들이 있는가? 어떤 현상을 연구함에 있어서 적절한 관측 · 측정방법은 무엇인가? 관측척도의 타당성validity과 관측결과의 신뢰성reliability은 어떻게 확보될 수 있는가?

(2) 가설검증방법

관측과 측정을 통해 변인들 속에 자료를 채워 넣었다면 그러한 변인들 사이에 특정한 관계가 존재하리라는 기대, 곧 가설을 검증하기 위해서는 어떤 절차가 필요한가? 가설이 상정하고 있는 변인들 간의 관계가 나타내는 심도와 방향, 그리고 형상을 실제 현상 속에서 어떻게 확인할 수 있는가? 2,000명을 무작위 표본random sample으로 추출한 설문조사방법을 통해 우리나라 대학생들의 이념정향과 정치적 신뢰도political trust에 관한 자료를 축적하였다면, 이들 사이에 '상당히 높은 수준의 역방향 상호관계'가 존재하리라는 가설모형은 어떤 방법을 통해 검증될 수 있는가? 이러한 가설검증방법들로서는 정성적 비교분석방법qualitative comparative analysis으로부터 계량통계방법quantitative/statistical analysis에 이르기까지 다양한 유형이 있다.

3) 연구설계

이상과 같은 분석규준과 방법은 연구목표에 따라 체계적으로 통합됨으로써 연구의 길잡이가 되는 연구설계research design를 구성하게 된다. 그렇다면 연구설계는 어떻게 만들어지는가? 연구설계에 반드시 포함되어야 할 항목들로는 어떠한 것들이 있는가? 연구설계를 만들 때 주의할 점은 무엇인가? 실제 연구의 각 단계와 연구설계는 어떻게 연결되는가?

• 주요 용어

과학 science	경험적 현상의 생성경로에 관한 지식을 생산하는데 사용되는 분석규준 혹은 논리적 기제.
상호주관성 intersubjectivity	현상의 인지와 해석에 있어서 주관적 인식의 일치상태. 경험과학 연구에 있어서 객관성의 기준이 됨.
연구방법론 research methodology	과학적 지식을 생산하기 위해 일정한 분석규준을 연구대상에 적용하는 방법과 그러한 방법을 정당화하는 과학철학적 협약.

*　*　*　*　*

이 책은 연구방법론의 주요 항목들을 순차적으로 다루고 있다. 우선 1장에서는 과학적 연구의 최종산물인 이론의 구조, 유형과 역할을 설명과 예측의 도구라는 맥락에서 살펴본다. 2장에서는 인과관계의 의미와 추론척도, 인과모형의 본질과 구조를 논의하고, 뒤이은 3장에서는 인과모형의 구성단위인 과학적 개념의 본질, 유형과 요건, 그리고 개념화의 단계를 소개하기로 한다. 4장에서는 앞서 다룬 분석규준들과 분석방법들을 연구설계에 반영하는 절차를 정리한 다음, 마지막으로 5장에서는 실제 연구사례를 소개하기로 한다.

▌1장▌

과학적 이론

1. 이론의 의미와 구조

1) 이론의 의미

과학연구의 목표는 앞서 여러 번 지적한 것처럼 경험적 현상의 생성경로에 관한 지식을 이론의 형태로서 생산하는 것이며, 이론은 연구대상의 서술, 설명과 예측에 사용되는 도구이다. 따라서 연구방법론의 다양한 분석규준을 이해하기 위해서는 우선 이론의 본질을 명확히 파악할 필요가 있다. 이를 위해 1절에서는 이론의 의미와 기본구조를 살펴본다.

(1) 이론의 정의

과학적 이론은 "논리적으로 연관된 명제의 집합체a logically interrelated set of propositions"또는 "연역적으로 연결된 일단의 경험적 통칙a set of empirical generalizations that are connected deductively" 으로 정의되며, 경험적 현상의 생성경로에 관한 정보를 제공한다.22 다시 말해서, 이론은 특정한 현상과 그 원인 사이의 관계를 규정한 인과형 진술, 곧 **명제**proposition와 명제가 성립될 수 있도록 하는 **선행조건**initial conditions으로 구성되어 있다. 그러나 이론은 사실fact의 정확한 복제가 아니라, 실제 현상을 설명하고 예측하기 위한 **도구**로서의 상징적 기제이다.23 즉, 이론과 실제는 본질적으로 다른 것이다.

(2) 이론과 가설

가설은 어떤 현상의 표출양상이나 생성경로에 대한 **기대형 진술**이며,24 이론은 **잠정적으로 확증된 가설**이라고 말할 수 있다. 따라서

22_ Schutt, R. 1996. *Investigating the Social World*. Thousand Oaks, CA: Pine Forge Press, p. 19; McGaw and Watson(1976), p. 169. 또한 러드너R. Rudner는 이론이 "경험적으로 검증가능하며 상호 체계적으로 연결되어 있는 일단의 진술들로서, 법칙과 같은 통칙을 포함한다a systematically interrelated set of statements, including some lawlike generalizations, that is empirically testable"고 규정하고 있다. Rudner, R. 1966. *Philosophy of Social Science*. Englewood Cliffs, NJ: Prentice-Hall, p. 5 참조.

23_ Kaplan(1998), p. 296.

24_ Babbie, E. 2004. *The Practice of Social Research*. Belmont, CA: Thomson/Wadsworth, G5.

가설과 이론은 내용과 구조의 측면에서는 동일하고, 단지 경험적 근거를 통해 뒷받침되었는가의 여부에 따라 서로 다를 뿐이다.

그런데 이와 같은 경험적 근거는 이론과 가설을 구별할 수 있는 단정적 기준이 될 수 없다. 왜냐하면 사회과학이론이든 자연과학이론이든 확정적 이론은 없기 때문이다. 더 이상 검증이 필요 없는 확정적 이론이 존재하려면 우선 그 이론이 설명하려는 대상이 시간적·공간적 조건에 따라 변하지 않고 이론이 만들어질 당시의 모습을 그대로 유지해야 한다. 물론 자연현상은 사회현상에 비해 상당히 큰 지속성과 반복성을 나타내지만, 그럼에도 불구하고 자연과학이론의 불변성이 보장되지 않는다는 사실은 뉴턴 물리학Newtonian physics의 붕괴와 같은 자연과학 패러다임의 혁명적 변환과정 속에서 여실히 드러나고 있다. 더구나 역사문화적 상황에 따라 급속히 변하는 인간의 행위를 다루는 사회과학이론은 자연과학이론에 비해 더 쉽게 붕괴되며, 이에 따라 사회과학자들은 변모하는 사회현상을 새롭게 추적하여 설명하기 위해 이론을 지속적으로 재검증하고 수정해 나갈 수밖에 없다.

이와 아울러 가설검증의 논리구조 자체가 가설과 이론을 구별하기 어렵게 만든다. 즉, 가설은 **귀납적 검증**inductive testing을 통해 이론의 위상을 얻게 되는데, 바로 그러한 귀납적 논증의 한계, 즉 모든 사례와 조건을 대상으로 가설을 검증할 수는 없다는 한계 때문에 모든 이론은 잠정성을 벗어날 수 없다.[25] 따라서 가설이나 이론이라는 용어는 어떤 현상의 인과적 생성경로에 관한 진술이 과학의 발전과정 속에서 얻게 되는 상대적 명칭에 불과하다.

25_ 이러한 맥락에서 모든 이론은 곧 가설이라고 말할 수 있다.

2) 이론의 기본구조

(1) 명제의 구성단위

명제의 구성단위는 여러 가지 기준에 따라 분류될 수 있으나, 여기에서는 각 단위가 수행하는 **분석적 역할**analytical roles을 중심으로 논의해 보기로 한다. 이러한 기준에 따르면, 명제의 구성단위는 기본적으로 **독립변인**independent variable, **종속변인**dependent variable, **간섭변인**intervening variable 등 세 종류로 구분된다.[26] 명제는 이들 간의 관계에 대한 인과형 진술이다.

가. 독립변인과 종속변인

물론 이들 가운데에서 가장 주요한 구성단위는 독립변인과 종속변인이다. 독립변인은 어떤 현상을 불러일으키는 원인을 지칭하며, 그러한 현상을 설명하고 더 나아가 예측한다는 측면에서 **설명변인**explanatory variable, **예측변인**predictor, 또는 **원인변인**causal variable이라 불리기도 한다. 대부분의 명제는 독립변인을 한 개 이상 포함하고 있다.

한편 종속변인은 독립변인에 의해 야기되는 현상, 즉 연구대상으로 주어진 현상을 말한다. 종속변인은 독립변인의 변이variation에[27] 의해 따라 규칙적인 변모양상을 나타내며, 그런 의미에서 **결과변인**effect

26_ Babbie(2004), pp. 16-21; Nachmias, C. and Nachmias, D. 1996. *Research Methods in the Social Sciences*. New York: St. Martin's, pp. 56-59; McGaw and Watson(1976), pp. 143-145 참조.

27_ 값의 변화.

variable이라 칭해지기도 한다.

<그림 1-1> 독립변인과 종속변인

경제성장 (독립변인) → 정치안정 (종속변인)
이념정향 (독립변인) → 정당선호 (종속변인)

바꾸어 말해서 종속변인이 변화하는 모습과 독립변인의 변화하는 모습 사이에는 규칙적인 인과관계가 존재한다고 말할 수 있다. 즉, 위 <그림 1-1>에서 정치안정은 그 수준이 경제성장도에 따라 결정되는 종속변인의 역할을 담당하고 있으며(경제성장도가 클수록 정치안정의 수준이 높아지며, 그 반대의 경우도 성립), 개인의 이념정향은 정당선호를 결정하는 독립변인으로 작동하고 있다(우파 → 보수정당 선호, 좌파 → 진보정당 선호).

나. 간섭변인

명제는 독립변인과 종속변인 이외에 간섭변인을 포함할 수 있다. 간섭변인은 독립변인의 영향력을 종속변인에 전달하는 **매개변인** mediating variable으로서,[28] 그 값에 따라 독립변인과 종속변인의 관계양

28_ Lewis-Beck, M, *et al.*, Vol. 2(2004), pp. 631-634; Nachmias and Nachmias(1996), pp. 435-437; Schutt(1996), pp. 123-124, 580.

상을 변화시킬 수 있다는 측면에서 **통제변인**control variable이라 불리기도 한다.[29]

<그림 1-2> 간섭변인(매개변인)

소득수준 [독립변인]→**정당선호 [간섭변인]**→후보자 선택 [종속변인]

예컨대 국회의원 선거에 있어서 유권자들의 소득수준이 일단 정당선호를 결정하고, 정당선호가 다시 후보자 선택에 영향을 준다는 명제에 있어서 독립변인(소득수준)과 종속변인(후보자 선택) 사이에 놓인 정당선호가 바로 간섭변인에 해당된다(〈그림 1-2〉 참조).

<그림 1-3> 통제변인

학력 [독립변인] → **성별 [통제변인]** → 정당선호 [종속변인]

⇩

● **남성**: 학력 ↛ 정당선호

● **여성**: 학력 → 정당선호

29_ Nachmias and Nachmias(1996), pp. 57-58.

또 어떤 연구자가 학력(독립변인)이 정당선호(종속변인)에 미치는 영향력이 남녀에 따라 변화하는 양상(여자의 경우에는 영향을 미치나 남자에 경우에는 전혀 영향을 주지 않는다는 등)을 파악하기 위해 성별의 영향력을 추적해 본다면 바로 성별이 통제변인이 된다(〈그림 1-3〉 참조).

그런데 명제를 만드는 과정에서 종속변인에 영향을 주는 모든 독립변인을 찾아낼 수는 없다. 정치체제의 안정에 관한 이론들을 살펴보면 정부의 경제적 성과, 정치제도화political institutionalization의 수준, 정치문화와 제도 간의 조응여부, 격렬한 정치참여욕구의 폭발 등을 독립변인으로 제시하고 있다. 그러나 단지 이들만이 독립변인으로 작동한다고 단정할 수는 없다. 즉, 정치체제의 안정에 상당한 영향력을 미치지만 아직 밝혀지지 않은 수많은 인자들이 존재한다고 보아야 한다. 이처럼 밝혀지지 않은 인자들을 제3변인third variables 또는 **교란항** disturbance terms이라 부른다. 제3변인의 통제방식에 관해서는 4장 '연구설계'에서 다시 논의하기로 한다.

한편 명제의 구성단위는 **개념**concept이라는 점을 잊어서는 안 된다. 즉, 모든 변인은 본래 개념으로서, 연구자의 시각과 기대에 따라 독립변인, 종속변인 또는 매개변인의 위상을 얻게 된다. 예를 들어 정치불안정이라는 하나의 개념이 어떤 명제 속에서는 독립변인이 될 수 있고(정치불안정 → 경제불안정), 또 다른 명제 속에서는 종속변인의 될 수도 있다(경제불안정 → 정치불안정). 요컨대 이론(명제)의 가장 기본적인 구성단위는 개념이며, 따라서 이론을 개념 간의 체계적 연계구조라고 보아도 무방하다. 즉, 터너J. Turner에 따르면 개념은 "이론의 기초적인 건축단위basic building blocks of theory"이다.[30] 개념은 어떤 현

30_ Turner, J. 1974. *The Structure of Sociological Theory*. Homewood, Ill.:

상의 보편적 속성을 전달하는 매체媒體로서, 개념정의와 개념화는 모든 과학적 연구의 출발점이 된다. 과학적 개념의 유형 및 역할에 관해서는 3장 '과학적 개념'에서 상세히 다루기로 한다.

(2) 선행조건

이론은 또한 명제가 적용될 수 있는 **시간적**temporal · **공간적**spatial **범주**,[31] 곧 선행조건을 포함하고 있다. 즉, 명제는 일정한 선행조건 아래에서만 설명력을 발휘하게 된다. 예로서 '물을 섭씨 100도로 가열하면 끓는다'는 명제는 '1기압 하에서'라는 선행조건을 필요로 한다.

사회과학연구에 있어서 선행조건의 규명이야말로 가장 까다로운 작업의 하나라고 볼 수 있다. 왜냐하면 인간의 사회적 행위와 의식에 관한 연구는 자연과학연구처럼 연구대상에 다양한 조건(압력, 온도 등)을 실험적으로 부여할 수 없고, 따라서 명제가 적용될 수 있는 선행조건을 확정하기 어렵기 때문이다. 이로 인해 사회과학자들은 선행조건을 규명하기 위한 비실험적nonexperimental 대안을 모색해 왔으며, 그러한 맥락에서 정립된 정치학의 하위영역이 바로 **비교정치연구**comparative politics이다.

비교정치연구는 정치현상의 생성경로에 관한 가설을 귀납적으로 검증함에 있어서 상이한 혹은 유사한 시간적 · 공간적 사례를 통해 명제의 성립선행조건을 규명하는 작업이다. 즉, 비교정치연구는 가설을 다양한 비교사례에 교차 대입하여 어떤 유형의 사례, 곧 조건 하에서

Dorsey, p. 3.

31_ 또는 역사적, 지역적 범주.

성립될 수 있는가를 추적하려는 목적을 갖고 있다.[32]

대부분의 과학적 정치이론은 귀납적 비교분석을 통해 도출되었다 해도 과언이 아니다. 예를 들어 정치발전이론은 사회근대화라는 독특한 상황적 조건에 처해 있는 제3세계국가들의 정치적 변동양상을 규명하기 위해 만들어졌다. 즉, '제3세계'라는 용어 자체가 비서구사회의 신생독립국들이 공통적으로 처해 있는 경제사회적·문화적 상황이라는 선행조건을 지칭하고 있다. 마찬가지로 '서구정치론'에 속하는 이론은 서구 선진산업국가들이 공유하고 있는 배경조건이라는 범주 내에서만 설명력을 가지며, 공간적 범주를 더 좁혀 '한국정치론'은 한국의 고유한 경제사회적·문화적 상황(조건)을 벗어날 수 없는 이론들로 이루어져 있다.

<그림 1-4> 과학적 이론의 기본구조

● **명제**: X_1, X_2, X_3 [독립변인] → U [간섭변인] → Y [종속변인]

● **선행조건**: C_1, C_2, C_3, C_4

► T_1, T_2, T_3, T_4 [시간적 조건]

► S_1, S_2, S_3, S_4 [공간적 조건]

이론은 선행조건의 변화로 인해 붕괴되는 경우가 많다. 인간의 정치행태political behaviour와 의식political consciousness을 제어하는 환경은 계속

32_ 가설의 교차사례적 검증cross-cases testing.

변모하기 때문에 정치학(사회과학)연구에 있어서 선행조건을 고정시킨다는 것은 불가능하며, 따라서 모든 과학적 정치이론은 선행조건이 변화할 때 설명력을 잃게 마련이다. 이렇게 본다면 이론의 수명은 선행조건의 수명과 같다고 말할 수 있다. 이론은 새로운 시간적·공간적 조건하에서 끊임없이 재검증되어야 하며, 바로 그러한 측면에서 이론을 **열려진 경로**open process라 부른다. 즉, 과학적 이론은 결코 최종적으로 확증될 수 없고, 주어진 조건 아래에서 얼마나 큰 설명력을 발휘하느냐에 따라 잠정적인 타당성을 지닐 뿐이다.

2. 이론의 유형

과학적 이론의 유형은 여러 가지 기준에 따라 분류될 수 있으나, 여기에서는 ① 명제가 포함하고 있는 변인의 수, ② 변인들 간의 관계가 지닌 확정성의 정도, 그리고 ③ 설명력의 범주 등 세 가지의 맥락에서 각 유형을 논의해보기로 한다.

1) 단일변인형 이론과 다변인형 이론

앞서 말한 바와 같이 이론은 독립변인·간섭변인·종속변인 등 세 종류의 변인으로 구성된 명제를 갖고 있다. 그런데 모든 명제가 이와 같은 변인들을 갖고 있는 것은 아니다. 어떤 명제는 한 개의 변인만을 갖고 있으며, 그러한 명제를 포함한 이론을 **단일변인형 이론**univariate theories이라 부른다(아래 <그림 1-5> 참조). 단일변인형 이론의 명제는 두 개 이상의 변인들 사이에 일정한 관계가 존재한다는 **다변인형 이론**multivariate theories의 명제와 달리, 하나의 변인이 고유한 속성을 나타낸다는 내용을 담고 있을 뿐이다. 예로서 '대도시의 경우(선행조건) 중산층의 이념은 보수적(명제)'이라는 이론은 전형적인 단일변인형 이론에 해당된다. 즉, 이러한 이론은 '중산층의 이념'이라는 한 개의 변인이 '보수적'이라는 속성을 나타낸다는 정보를 제공한다.

<그림 1-5> 단일변인형 이론

- **명제**: 중산층의 이념[변인]은 보수적[변인의 속성]
- **선행조건**: 대도시 [공간적 조건]
  1945년 ~ 2012년 [시간적 조건]

물론 대부분의 이론은 다변인형 이론의 형태를 취함으로써 여러 개의 독립변인들이 종속변인에 인과적 영향력을 미친다는 명제를 갖고 있다. 그러나 단일변인형 이론이 과학적 가치에 있어서 다변인형 이론에 비해 뒤떨어진다고 말할 수는 없다. 왜냐하면 다변인형 이론을 만들기 위해서는 명제를 구성하고 있는 변인들의 개별적 표출양상을 명백히 파악해야 하며, 단일변인형 이론은 이처럼 주요 구성변인의 속성을 파악한다는 측면에서 중요한 정보를 제공하기 때문이다.

<그림 1-6> 다변인형 이론

● **통칙**: 아버지의 정당선호
어머니의 정당선호 → 어린이의 정당선호
선생님의 정당선호

● **선행조건**: 지방 소도시 [공간적 조건]
1945년 ~ 2012년 [시간적 조건]

2) 연역적 이론과 귀납적 이론

이론은 또한 명제를 구성하고 있는 변인들 간의 관계가 어느 정도의 단정성을 지니는가에 따라 **연역적 이론**deductive theories과 **귀납적 이론**inductive theories으로 나누어진다. 이들의 차이는 연역적 이론이 확정성과 단정성을 가진 **법칙**(혹은 포괄법칙covering law)으로[33] 구성되어 있음에 반해,[34] 귀납적 이론은 **통칙**generalization으로[35] 이루어져 있다는

33_ 혹은 일반법칙.

34_ 포괄법칙은 모든 개별적 사건을 예외 없이 설명할 수 있는 완벽한 일반법칙을 지칭하나 사회과학연구에 있어서는 하나의 이상형으로 간주될 뿐이다. 특히 정치학연구에 있어서 포괄법칙을 이용한 연역법칙적 설명deductive-nomological explanation이 왜 어려운가에 관해서는 Almond, G. and Genco, S.

데 놓여있다. 즉, 연역적 이론은 선행조건이 주어진다면 X라는 원인이 Y라는 결과를 예외 없이 불러일으킨다는 내용을 담고 있지만 귀납적 이론은 원인이 결과를 초래할 가능성(확률)을 보여줄 뿐이다. 물론 대부분의 사회과학이론들은 통칙으로 구성된 귀납적 이론들이다.

연역적 이론과 귀납적 이론의 또 다른 차이점은 이론의 검증과 관련된다. 우선 연역적 이론은 단정적 법칙을 갖고 있기 때문에 그러한 법칙으로부터 벗어나는 단 하나의 예외만 발견되어도 즉시 무너지며, 이를 이론의 확정적 부정, 혹은 **논박**falsification이라 부른다. 반면 귀납적 이론의 통칙은 맞을 가능성과 맞지 않을 가능성을 모두 함축하고 있기 때문에 한두 가지의 반증사례만으로는 붕괴될 수 없고, 단지 **잠정적으로 부정**disconfirm될 뿐이다.[36] 다시 말해서 귀납적 이론은 적어도 논리적 측면에서는 맞지 않는 사례들이 맞는 사례들의 수를 훨씬 능가할 경우에 한해 무너질 수 있다. 예로서 '상류층은 보수적 이념정향을 표출하는 경향이 크다'라는 귀납적 이론의 통칙은 진보적 정향을 가진 상류층 인사가 다수 발견된다 해도 어디까지나 확률적 진술이기 때문에 쉽게 붕괴되지 않는다. 따라서 상류층 거의 대부분의 이념정향이 바뀌었다는 명백한 경험적 근거가 나타나지 않는 한 이러한 이론은 살아남는다.

1977. "Clouds, Clocks, and the Study of Politics." *World Politics* 29:4, pp. 489-521을 참조할 것.

35_ 혹은 확률적 통칙probabilistic generalizations.

36_ McGaw and Watson(1976), pp. 181-182; Popper(1999), Chapter Ⅳ "Falsifiability" 참조.

<그림 1-7> 연역적 이론과 귀납적 이론

● **연역적 이론**

$X_1, X_2, X_3 \rightarrow Y$ [법칙]

under C_1, C_2, C_3, C_4

● **귀납적 이론**

$X_1, X_2, X_3 \dashrightarrow Y$ [통칙]

under C_1, C_2, C_3, C_4

한편 통칙, 더 나아가 귀납적 이론을 아예 인정하지 않는 시각도 있다는 점에 주목해야 한다. 이와 같은 입장에 따르면 통칙이란 만들어질 수도 없고 따라서 무너지지도 않는다. 왜냐하면 통칙은 가설을 귀납적으로 검증하여 도출되기 때문에 그것이 맞을 확률은 가설을 뒷받침하는 사례를 많이 제시하면 할수록 높아지게 마련이나, 그처럼 '맞는 사례'의 수가 연구대상의 총체적인 **모집단**母集團, population 가운데 어느 정도의 부분을 차지하는가, 즉 맞을 확률을 밝혀낸다는 것이 애당초 불가능하기 때문이라는 것이다. 흔히 인용되는 **포퍼의 백조**Popper' s Swan 이야기를 살펴보자.[37]

어떤 사람이 1,000개의 호수를 찾아다니며 100만 마리의 백조를 관측한 결과 모두 흰색이라는 경험적 근거를 얻었다. 그는 이러한 100만 개의 귀납사례를 근거로 하여 '백조는 흴 확률이 높다'라는 통

37_ Popper(1999), pp. 27-30 참조.

칙을 만들게 된다. 이때 100만 마리라는 수는 얼핏 보아 통칙을 만들기에 충분한 것처럼 보일 수 있다. 그러나 통칙을 만들 당시 세상에 존재하거나 그때까지 존재했던 백조의 총수를 알고 또 그들 모두의 색을 관측하지 않는 한 '백조는 희다'라는 진술이 맞을 확률은 결코 계산될 수 없다. 이렇게 본다면 이론이란 가설이 귀납적 추론의 특정 단계에서 얻은 잠정적 명칭에 불과한 것이며, 따라서 과학연구에 있어서는 단지 가설만이 존재할 뿐이라고 말할 수 있다. 바로 그렇기 때문에 우리는 어떤 통칙이나 이론을 결코 최종적 진술로 간주하지 않고, 항상 열려 있는 잠정적 진술로서 받아들인다. 그리고 이론은 이처럼 열려 있기 때문에 수정되고 발전되며, 그에 따라 과학적 지식의 영역이 점차 확장된다.

3) 일반이론 · 중간범위이론 · 협범위이론

이론은 설명력을 갖는 범주에 따라 **일반이론**general theory, **중간범위이론**middle-range theory과 **협범위이론**narrow-gauge theory으로 구분된다. 우선 시간적 · 공간적 범주를 뛰어넘어 항상 설명력을 발휘할 수 있는 이론을 일반이론이라 부른다. 일반이론은 언제(르네상스 시대이든 산업혁명기이든 2차 대전 이후이든) 어디서든(한국이든 영국이든 인도이든) 항상 적용될 수 있는 보편명제general proposition로[38] 이루어져 있고, 따라서 선행조건을 아예 갖고 있지 않거나 갖고 있다 해도 성격이 매우 포괄적이다('지구에서는' 혹은 '지구상에 민주주의 정치체제가 출현한

---

[38]_ 또는 일반명제.

이래 오늘날까지' 등).

<그림 1-8> 일반이론

● **보편명제**: X_1, X_2, X_3 → Y
● **선행조건**: 없음

정치학(사회과학)연구에 있어서는 엄격한 의미에 있어서의 일반이론이 아직 도출되지 않고 있다. 예로서 1960년대~1970년대에 걸쳐 이스튼D. Easton의 체계이론systems theory과 알먼드G. Almond의 구조기능이론structural-functional theory이**39** 일반이론으로 제시되었지만, 지칭성이 모호한 추상적 개념을**40** 사용해 보편적 적용성을 확보하려 했기 때문에 경험적으로 검증될 수 없다는 문제점을 갖고 있었다. 따라서 이러한 이론들은 설명과 예측을 위한 과학적 이론이라기보다는 정치체계political system의 역동을 파악하기 위한 서술구도descriptive framework로 간주된다.**41**

39_ Almond, G., Powell, B., and Mundt, R. 1996. *Comparative Politics, A Theoretical Framework*. New York: HarperCollins College Publishers; Easton, D. 1979. *A Framework of Political Analysis*. Chicago: University of Chicago Press 등을 볼 것.

40_ 외연성denotation만을 지닌 개념들.

41_ 구조기능이론의 추상성에 관한 비판으로는 Sartori, G. 1970. "Concept Misformation in Comparative Politics." *American Political Science Review* 64:4, pp. 1046-1052; LaPalombara, J. 1970. "Parsimony and Empiricism in Comparative Politics: An Anti-Scholastic View." Holt, R. and Turner, E., eds. *The Methodology of Comparative Research*, pp.

두 번째로, 협범위이론은 한 개 또는 아주 적은 수의 연구사례(범주)에 제한적으로 적용된다. 예로서 유신독재시기(1970~1979, 시간적/역사적 범주)의 한국(공간적 범주)에서 표출된 정치불안정을 설명하려는 이론은 협범위이론에 해당된다.

<그림 1-9> 협범위이론

● **명제**: X'_1, X'_2, $X'_3 \rightarrow Y'$

● **선행조건**: C_1, C_2, C_3, C_4, C_5, C_6, C_7, C_8, C_9

* X'_1, X'_2, X'_3, Y': C_1 ~ C_9이라는 선행조건을 충족시키는 연구사례에 제한적으로 적용되는 개념 X_1, X_2, X_3과 Y

이러한 이론은 비록 적용범주가 '유신독재시대 한국'에 제한되나, 적어도 그 속에서 관측되는 정치불안정과 그 원인을 명확히 지칭하는 경험적 개념들로 이루어져 있기 때문에 쉽게 검증될 수 있고, 따라서 강한 설명력을 갖는다. 물론 '유신독재시대 한국'이 나타내는 정치경제적·사회문화적 배경속성은 무수히 많을 것이며, 따라서 협범위이론의 선행조건은 대단히 구체적이고 또 긴 목록을 갖게 마련이다.

마지막으로 중간범위이론은 적용범주와 검증가능성에 있어서 일반이론과 협범위이론 사이에 위치한다. 중간범위이론은 한 개 혹은

123-149. New York: Free Press 참조.

극소수의 사례(국가)가[42] 아니라 특정영역에 속한 여러 사례(피지Fiji, 바누아투Vanuatu를 포함한 남태평양 11개 도서국가 등)를 대상으로 도출되며, 따라서 협범위이론에 비해 적용범주가 상대적으로 넓다.

<그림 1-10> 중간범위이론

● **명제**: X''_1, X''_2, X''_3 → Y''

● **선행조건**: C_1, C_2, C_3, C_4

* X''_1, X''_2, X''_3, Y'': C_1 ~ C_4라는 선행조건을 충족시키는 연구사례에 제한적으로 적용되는 개념 X_1, X_2, X_3과 Y

또 중간범위이론의 구성개념은 일반이론의 구성개념처럼 모집단, 곧 '모든 사례'가 아니라 제한된 수의 사례집단 내에서 발생하는 현상을 지칭한다. 예로서 중간범위이론이 포함하고 있는 '정치안정' 개념은 '중남미 대통령제 국가에 있어서의 정치안정', '서유럽 의회민주주의 국가에 있어서의 정치안정'으로서, 모든 국가에 적용될 수 있는 정치안정 개념에 비해 구체성(경험적 지칭성)이 훨씬 크다.

또한 민주주의국가, 사회주의국가나 공산주의국가에 모두 적용될 수 있는 '정당'개념을 만들려면 이들 국가에서 관측되는 정당의 특성

42_ 물론 국가만이 정치학연구의 사례가 되는 것은 아니다. 정치학연구는 개인의 정치행태와 의식으로부터 시작하여 정치집단과 조직, 국가, 정치체계 등 광범위한 사례를 대상으로 진행된다.

가운데 공통적인 것들만을 추려내야 한다. '정당은 정권획득을 목적으로 한 자발적·경쟁적 정치조직'이라는 민주주의적 정당개념은 정당이 곧 정권인 공산주의국가에 적용될 수 없기 때문이다. 따라서 어떤 국가에든 적용될 수 있는 정당의 개념을 만들려면 각 국가의 정당이 가진 고유성을 모두 제거해야 하는데, 그러다보면 '정당은 정치조직'이라는 추상적 개념만을 얻을 수 있을 뿐이다. 이처럼 '빈 개념 empty concept'으로 이루어진 일반이론은 경험적 지칭성을 상실하기 때문에 검증될 수 없다. 그러나 중간범위이론의 구성개념은 비록 제한적이지만 적어도 연구사례 모두에 공통적으로 적용될 수 있으며, 경험적 지칭성 역시 일반이론의 추상적 개념에 비해 상당히 크다.[43]

요컨대 강한 설명력을 발휘하는 협범위이론은 공간적·시간적 적용범주가 좁다는 한계를 갖고 있으며, 일반이론은 적용범주가 넓은 대신 사용개념의 추상성으로 말미암아 검증가능성과 설명력을 모두 상실하고 있다. 그리고 중간범위이론은 상당한 수준의 설명력과 공간적·시간적 범주를 고루 갖추고 있다는 측면에서 사회과학연구에 있어서 이론화작업의 잠정적 목표가 되고 있다. 그러나 엄정한 의미에 있어서 과학적 이론은 광범위한 일반성과 강력한 설명력을 동시에 추구하기 때문에 지금까지 도출된 어떤 사회과학이론도 완벽한 과학성을 확보하지 못하고 있다. 결국 우리는 이론을 도출하려 할 때 과학적 이론이 지향하는 두 가지 상반된 목표, 즉 일반성과 검증가능성 가운데에서 어느 것을 강조해야 하는가라는 문제에 늘 부딪히게 마련이다.

43_ Sartori(1970), pp. 1040-1046.

3. 이론의 기능: 설명과 예측

1) 설명

(1) 설명의 의미

이론은 과학적 연구의 모든 과정을 통해 다양한 기능을 발휘한다. 즉, 이론은 연구대상의 표출양상을 체계적으로 서술할 수 있는 틀을 제공해주며, 또한 이론과 경험적 관측결과 사이의 불일치는 새로운 연구문제를 낳기도 한다.[44] 그러나 이러한 기능들은 어디까지나 보다 핵심적인 기능, 즉 설명의 보조기능이라고 할 수 있다. 카플란A. Kaplan에 따르면,

> …이론은 자연의 게임the game of nature이 진행됨에 따라 나타나는 현상들의 모습을 단순히 요약해 놓은 것만은 아니다. 즉, 이론은 더 나아가 게임의 룰이 어떠한 것인가를 밝혀줌으로써 이러한 현상들을 이해할 수 있도록 해준다…[45]

이처럼 이론의 목표는 어디까지나 연구대상을 설명하는 데 놓여 있

44_ McGaw and Watson(1976), pp. 173-177.
45_ Kaplan(1998), p. 302.

다. 그렇다면 설명이란 어떤 작업을 지칭하는가? 설명은 서론에서 밝힌 것처럼 '어떤 현상이 왜 나타났는가'라는 가장 기본적인 과학적 의문에 대한 답을 찾아내는 일이며, 논리적 측면에서는 **개별적 사건이 이론의 구체적 표출사례**라는 것을 규명하는 작업을 뜻한다.[46] 즉, 어떤 현상이 왜 나타났는가라는 의문에 대한 답은 '그러한 부류의 현상은…으로 인해 나타난다'는 이론을 제시함으로써 얻을 수 있다. 결국 설명은 "견고하게 구축된 법칙이나 이론을 필요로 하며…설명될 현상이 어떤 법칙이나 이론의 논리적 귀결로 연역될 때" 이루어진다.[47]

이러한 유형의 논증구조를 지닌 설명을 **연역법칙적 설명**deductive-nomological explanations이라 부른다. 연역법칙적 설명은 과연 사회과학연구에 액면 그대로 적용될 수 있는가에 관한 논란을 불러일으켰음에도 불구하고 과학적 설명의 이상형으로 간주된다. 그리고 설명대상으로 주어지는 개별현상을 **피설명항**explanandum, 설명에 사용되는 이론을 **설명항**explanans/explicans 내지는 **설명전제**explanatory premise라 칭한다. 이제 연역법칙적 설명의 논리구조를 살펴본 후, 그 대안으로 제시된 **귀납확률적 설명**inductive-statistical explanation의 논리를 소개하기로 한다.

46_ 카플란은 "무엇을 설명한다는 것은 그것이 보편적으로 알려진 것의 한 가지 구체적 사례라는 것을 보여주는 작업To explain something is to exhibit it as a special case of what is generally known"이라 말하고 있다. Kaplan(1998), p. 339.

47_ Conway, M. and Feigert, F. 1969. *Political Analysis: An Introduction*. Boston: Allyn and Bacon, p. 27.

(2) 설명의 유형과 논증구조

가. 연역법칙적 설명

가장 이상적인 과학적 설명은 앞서 말한 것과 같이 연역적 논증의 형태를 취한다. 어떤 현상 E는 왜 발생하였는가? 이를 규명하기 위해서는 우선 명제와 그 선행조건으로 구성된 확정적 설명항을 갖추어야 한다. 다음으로 피설명항으로서의 구체적 사건 E가 이러한 설명항(설명전제 P)의 논리적 귀결, 즉 필연적으로 도출되는 결론이라는 점을 논증함으로써 설명작업이 끝난다.[48] 이제 연역법칙적 설명의 논증구조를 보다 상세히 살펴보자.

이처럼 연역법칙적 설명은 확정적 설명항에 입각한 조건적 논증의 형식을 취하기 때문에 전제가 맞는다면 결론 역시 반드시 맞아야 한다. 즉, 설명항인 전제(P)가 참일 때 피설명항인 결론(E)이 거짓이라면 모순을 일으키며, 따라서 이러한 사건 E는 애당초 나타날 수 없다. 그럼에도 불구하고 E가 발생하였다면 설명항으로서의 확정적 이론이 틀렸다고 말할 수밖에 없다. 그러나 모든 과학적 이론은 제1절 '이론의 의미와 구조'에서 논의한 바와 같이 항상 '참true'인 확정적 이론이 아니다.

48_ Nagel(1979), p. 21.

연역법칙적 설명의 예

● **연구퍼즐**: 홍길동씨는 왜 지난 국회의원 총선거에서 여당후보에게 투표하였는가?

▷ **피설명항 E**: 홍길동씨가 지난 국회의원 총선거에서 여당후보에게 투표했다는 개별적 사건

▷ **설명항 P**: 확정적 이론
[명제] 고소득층은 현 정권을 지지한다.
[성립선행조건] 대도시에서는

● **연역적 논증**

▷ 홍길동씨의 연간 수입은 2억 5,000만 원임. 따라서 그는 고소득층의 범주에 속함.

▷ 홍길동씨는 서울에서 개인사업체를 운영하고 있음. 즉, 그가 사는 곳은 대도시임.

▷ 여당후보에 대한 투표는 현 정권에 대한 지지의 구체적 표출양식임.

⇨ 결국 서울에 살면서 개인사업체를 운영하는 홍길동 씨는 연간 수입이 2억 5천만원에 달하기 때문에 국회의원 총선거에서 여당후보에게 표를 줄 수밖에 없다. **왜냐하면 고소득층은 대도시에 살 경우 현 정권을 지지하기 때문이다**

➡ 설명항의 **필연적 귀결**.

따라서 사회과학연구에 연역법칙적 설명의 논증구조를 그대로 적용할 수는 없다. 왜냐하면 연역법칙적 설명은 피설명항이 확정적 설명항의 당연한 귀결이라는 논증구조를 취하나, 설명항으로서의 사회과학이론들은 거의 대부분 확률적 통칙을 포함한 귀납적 이론이기 때문에 피설명항으로 주어지는 개별현상들을 예외 없이 포괄할 수 없기 때문이다. 즉, 설명항이 귀납적 이론일 경우에는 설명할 수 없는 사례, 또는 설명항의 내용과 다른 사례가 얼마든지 나타날 수 있다.

나. 귀납확률적 설명

귀납확률적 설명은 논증구조의 측면에서 볼 때 연역법칙적 설명과 크게 다르지 않다. 그러나 설명항의 성격에 있어서는 이들 간의 차이가 분명히 드러난다. 연역법칙적 설명의 설명항은 확정적·연역적 이론이지만, 귀납확률적 설명의 설명항은 개연적·귀납적 이론이다.[49] 따라서 귀납확률적 설명에 있어서는 피설명항이 설명항의 필연적 귀결이 되지 않을 수도 있다. 즉 귀납확률적 설명은 애당초 **피설명항이 설명항으로 설명되지 않을 가능성**을 인정한다.

정치학연구를 포함한 대부분의 사회과학연구는 귀납확률적 설명의 논리를 따르고 있으며, 자연과학연구에 있어서도 기상학·생리학·동물학 등은 귀납적 이론(확률적 통칙)을 사용해 연구대상의 생성경로를 설명하고 있다. 특히 정치학연구에 있어서 확증성이 떨어지는 귀납확률적 설명의 논리가 적용되는 이유는 정치현상의 존재론적 속성ontological property 때문이라고 말할 수 있다. 즉, 정치현상은 고유한 정

49_ McGaw and Watson(1976), p. 63.

치적 목적, 태도와 신념을 지닌 인간의 상호작용에 따라 나타나는 현상이기 때문에 엄격한 질서와 규칙성을 도출하기 어렵다. 또 비록 규칙성을 찾아낸다 해도 그것은 어디까지나 경향이나 흐름에 불과한 것이며, 역사문화적 조건과 경제사회적 환경의 변화에 따라 언제든지 바뀔 수 있는 불안정성을 갖는다. 알먼드와 젠코S. Genco에 의하면,

> …정치현상 간의 관계는 자연현상처럼 작용－반작용적인 것이 아니다. 즉, 정치현상을 인과론적 '시계모형[완벽한 법칙모형]'에 집어넣기란 결코 쉽지 않다. 왜냐하면 정치 엘리트와 시민들의 행위 레퍼토리는 고정된 것이 아니기 때문이다. 정치적 행위자들은 기억과 경험을 통해 학습한다. 또한 그들은 나름대로의 목적과 열망, 그리고 계산된 전략을 갖고 있다. 이와 같은 기억, 학습, 목표추구, 문제해결[의도]은 원인과 결과, 독립변인과 종속변인 사이에 개입하는 간섭변인들이다…50

요컨대 정치현상이 나타내는 규칙성은 유연한plastic 것이기 때문에 자연과학과 같은 엄밀과학hard science이 상정하고 있는 '예외 없는 보편법칙'의 형태로 표현될 수 없으며, 이에 따라 정치학연구에 연역법칙적 설명의 논리를 액면 그대로 적용할 수는 없다. 알먼드와 젠코의 견해를 다시 인용하면,

---

50_ 가브리엘 알먼드 · 스티븐 젠코 [김웅진 역]. 2000. "구름, 시계와 정치학연구." 김웅진 · 박찬욱 · 신윤환 편역. 『비교정치론강의 1』. 서울: 한울, p. 173. [ ] 속의 말은 저자가 추가한 것임.

> …정치적 실존현상의 속성은 물리적 세계의 속성과 다르기 때문에 정치행태의 규칙성 역시 자연현상의 규칙성과 다르다…우리가 찾아낸 정치행태의 규칙성은…유연한 것이라고 말할 수 있다. 이 규칙성은 역사 속에 깊이 내재되어 있으며, 수많은 인간의 기억, 학습, 목표를 추구하려는 충동, 또는 여러 가지 대안의 선택과정 등을 반복적으로 거쳐 나온 것이다…이러한 규칙성은 또한 수명이 짧은 것으로 여겨진다. 즉…[행위주체로서의 인간이 지닌] 기억, 창조적 탐구, 학습 때문에 빨리 소멸된다. 그리고 사회과학 자체가 이 규칙성의 소멸을 조장할 수 있는데, 그 이유는 인간이 경험뿐만 아니라 과학적 탐구를 통해서도 학습하기 때문이다…[51]

이러한 정치현상의 속성으로 인해 대부분의 정치학연구는 경험적 자료에 입각해서 귀납적으로 도출된 통칙을 사용한다.[52] 즉, 귀납확률적 설명은 설명전제 P(설명항)에 포함된 명제(통칙)와 선행조건을 각기 sG_1, sG_2, sG_3……sG_n 및 C_1, C_2, C_3……C_m으로 나타내었을 때, P의 귀결로서 E라는 사건이 발생할 가능성에 초점을 맞춘다. 즉 설명항에 포함된 통칙은 'P이면 Q가 나타날 가능성은 N%'라는 형태를 취한다.[53]

51_ 가브리엘 알먼드 · 스티븐 젠코(2000), p. 175.
52_ Nagel(1979), pp. 502-509.
53_ McGaw and Watson(1976), p. 64.

귀납확률적 설명의 예

● **연구퍼즐**: 왜 우리 형은 지난 국회의원 총선거에서 야당 후보에게 표를 던졌는가?

▷ **피설명항 E**: 우리 형이 지난 국회의원 총선거에서 야당후보에게 투표했다는 개별적 사건

▷ **설명항 P**: 통칙

[명제] 교육수준이 높을수록 현 정부를 불신할 **가능성이 높다.**

[성립선행조건] 대도시에서는

● 논증

▷ 우리 형은 박사학위를 갖고 있고, 따라서 교육수준이 매우 높은 집단에 속함.

▷ 우리 형은 부산에서 살고 있음. 따라서 그가 사는 곳은 대도시임.

▷ 야당후보에 대한 투표는 현 정부에 대한 불신의 한 표출양식임.

⇨ 결국 부산에 살면서 박사학위를 갖고 있는 우리 형이 야당 후보에게 표를 던질 가능성이 높았고 실제로 그렇게 했다. **왜냐하면 교육수준이 높은 사람은 대도시에 살 경우 현 정부를 불신할 가능성이 높기 때문이다.**

➡ 설명항의 **확률적 · 잠정적 귀결**.

예로서 귀납확률적 설명의 설명항은 '교육수준이 낮을수록 친여적 성향을 나타낸다'라는 단정적 법칙이 아니라 '나타낼 가능성이 높다'라는 통칙을 담고 있다. 이는 교육수준이 낮은 사람들 가운데에서도 친여성향을 보이지 않는 이들이 얼마든지 있을 수 있다는 의미와 함께, 친여성향을 갖게 만드는 요인들로는 교육수준 외에 소득수준·직업·성별·종교적 배경 등도 있을 수 있다는 것을 암시하고 있다. 물론 이러한 확률적 논증은 이미 제1절에서 '포퍼의 백조' 예를 통해 지적한 것처럼 어디까지나 논리적 측면에서만 타당할 뿐이다. 즉, 연구대상의 모집단의 크기를 정확히 파악할 수 없는 한 그 가운데에서 통칙을 뒷받침하는 사례가 차지하는 비율이 어느 정도 되는지 계측할 수 없다.[54]

요컨대 귀납확률적 설명의 설명항을 논박하기 위해서는 그로부터 벗어나는 수많은 사례들을 제시해야 한다. 그러나 앞서 말한 귀납적 추론의 본질적 한계로 인해 '맞는 사례'보다 '맞지 않는 사례'가 더 많다는 단정적 근거를 제시하기란 애당초 불가능하며, 이러한 맥락에서 모든 사회과학적 진술은 단지 잠정적으로만 이론의 명칭을 얻게 된다. 이처럼 사회과학이론은 쉽게 확증되거나 붕괴되지 않기 때문에 쿤T. Kuhn이 말한 패러다임의 혁명적 전환을 기대하기 어렵다.[55] 즉, 상충하는 이론들이 병존할 따름이며, 새로운 이론이 옛 이론을 완전히 대체하지 않는다.

54_ 1장 2절 2항 '연역적 이론과 귀납적 이론' 참조.

55_ Kuhn(1970).

2) 예측

(1) 예측의 의미

예측은 특정한 현상의 도래를 기대하는 작업이며, 설명과 더불어 과학적 연구의 핵심적 목표가 된다. 다시 말해서 설명이 '어떤 현상이 왜 일어났는가'라는 의문에 대한 답을 찾는 것이라면, 예측은 '어떤 현상이 발생할 것인가'라는 연구퍼즐을 풀려는 목적을 갖고 있다.[56] 물론 예측과 설명은 논증구조의 측면에서 동일하다. 즉, 이들은 모두 이론적 전제에 입각해서 이루어지며, 설명은 그러한 전제의 결론이 이미 발생했으나 예측은 **전제만 주어진** 상황에서 결론을 끌어내려 한다는 점이 다를 뿐이다.[57]

예측은 또한 기존이론의 설명력을 점검하는 수단이 될 수 있다. 이미 정립된 이론의 설명력을 재확인하거나 상충하는 이론들이 지닌 설명력을 비교하려 할 때, ① 적용범주scope, ② 경험적 엄밀성parsimony, ③ **예측의 정밀성**precision of prediction, ④ 설명의 정확성accuracy of explanation 등 네 가지의 척도를 사용하기 때문이다.[58] 예측의 논리구조는 다음과 같다.

56_ McGaw and Watson(1976), p. 79.

57_ McGaw and Watson(1976), p. 79.

58_ Hage, J. 1972. *Techniques and Problems of Theory Construction in Sociology*. New York: Wiley Interscience, pp. 177-181 참조.

예측의 논리구조

● **이론적 전제**: P → Q [명제] C_1, C_2, C_3 [성립선행조건] ● **현 상황**: C_1, C_2, C_3라는 조건 하에서 P가 관측됨. ⇨ **예측**: 전제가 맞는다면 지금 C_1, C_2, C_3와 P가 주어졌기 때문에 곧 Q가 발생하리라 기대할 수 있음.

(2) 예측과 설명의 관계

연구대상을 설명하려는 것은 곧 예측을 하기 위해서라고 말할 수 있다. 왜냐하면 설명과 예측이 논리적으로 다르지 않기 때문이다.[59] 즉, 예측과 설명은 모두 이론적 전제를 필요로 한다는 측면에서 동일한 논증구조를 취한다. 따라서 예측이 불가능하다면 이는 곧 설명이 제대로 이루어지지 않았다는 뜻이다.

그렇다면 예측을 수반하지 못하는 설명을 어떻게 받아들여야 하는가? 엄격한 의미에서 예측을 보장하지 못하는 설명은 설명이 아니다.

59_ 서론의 1절 2항 '과학의 목적'을 참조할 것.

왜냐하면 이론적 전제와 논증구조를 공유하고 있는 설명과 예측을 따로 떼어 생각할 수 없기 때문이다. 결국 설명될 수 있는 현상은 원칙적으로 예측될 수 있어야 하고, 역으로 예측될 수 있는 현상은 당연히 설명될 수 있어야 한다. 그러나 대부분의 정치학자들은 이와 같이 '완벽한 설명－완벽한 예측'은 앞서 논의한 정치현상의 존재론적 속성으로 인해 기대할 수 없고, 단지 **부분적 설명**partial explanation 또는 **불완전한 설명**imperfect explanation만이 가능하다는 입장을 취하고 있다. 아이작A. C. Isaak에 따르면,

> …정치학자들은 일단 불완전한 설명을 받아들이고 있으며, 이에 따라 설명은 부분적으로 가능할지라도 예측은 불가능하다고 주장하는 학자들도 나타났다. 예로서 카플란은 "예측할 수 없는 설명은 설명이 아니라고 말할 수 있는가?"라는 의문을 제기한다. 엄밀한 의미에서 볼 때 그것은 결코 설명이 아니며, 따라서 당연히 예측도 할 수 없다. [그러나] 과학적 정치학연구를 발전시켜 나가는 현 상황 하에서 우리는 부분적 설명, 심지어는 그보다 못한 설명에 만족할 수밖에 없다…**60**

한편 카플란은 어떤 현상을 불러일으키는 **필요·충분조건**을 모두 찾아내지 못하는 한 완벽한 예측은 불가능하다고 주장한다.

60_ Isaak, A. 1981. *Scope and Methods of Political Science*. Honewood, Ill.: Dorsey pp. 142-143; Kaplan(1998), p. 346. [ ] 속의 말은 저자가 추가한 것임.

> …특히 행태과학behavioral science의 지식은 특정한 현상이 발생하는 데 요구되는 필요조건을 제시할 뿐, 충분조건까지 보여주지는 못한다…신경쇠약은 유년기에 받은 마음의 상처로 설명될 수 있다. 하지만 모든 마음의 상처가 나중에 신경쇠약을 야기하지는 않는다. 따라서 신경쇠약을 설명할 수 있다고 해서 곧 그것을 예측할 수 있는 것은 아니다. 우리는 이러한 경우를 부분적 설명partial explanation이라 부른다…[61]

이처럼 사회과학자들은 설명의 불완전성을 받아들이고 있다. 즉, 예측을 못하는 한계를 인정하면서도 설명을 시도하고, 그러한 설명을 사회과학연구에 있어서 적절한 것으로 간주한다. 또한 예측 없는 설명은 불완전한 것이지만, 그렇다고 해서 사회과학자들이 예측을 완전히 포기하는 것은 결코 아니다. 왜냐하면 예측에 실패하는 이유는 설명항이 포함하고 있는 명제나 성립선행조건의 불완전성에 놓여 있으므로 설명항이 더욱 정밀해지면 언젠가 완전한 설명-완전한 예측이 가능하리라는 기대가 남아 있기 때문이다.[62]

61_ Kaplan(1998), pp. 347-348.

62_ 이와 반대로 예측을 할 수는 있으나 설명이 불가능한 경우도 있다. 카플란에 따르면, 이는 "아직 [완벽한] 이론적 법칙으로 전환되지는 않았지만 나름대로 잘 구축된 경험적 통칙을 가지고 있을 경우"에 가능하다. 즉, 비록 원인-결과 간에 인과관계가 존재한다는 상당한 수준의 일반화를 기하지 못했다 하더라도 연구대상의 발생양태에 대한 비이론적·경험적 정보에 기초하여 예측을 시도할 수 있으며, 그 결과가 맞아 들어가는 경우도 있다는 뜻이다. 물론 이러한 예측은 대부분 개략적 성격을 벗어나지 못한다. Kaplan(1998), p. 349.

● 주요 용어

가설 hypothesis	어떤 현상의 표출양상이나 인과적 생성경로에 대한 기대형 진술.
명제 proposition	독립변인, 간섭변인, 종속변인 간의 관계에 대한 인과형 진술. 선행조건과 더불어 이론의 한 구성요소.
변인 variable	개념이 이론이나 모형 속에서 일정한 역할을 부여받을 때 얻게 되는 명칭. 현상이나 사물의 속성에 관한 정성적 · 정량적 정보를 전달하는 매체.
▸ **독립변인** independent variable	어떤 현상을 불러일으키는 원인. 설명변인, 예측변인, 또는 원인변인으로 불리기도 함. 종속변인 참조.
▸ **종속변인** dependent variable	독립변인의 변이에 의해 규칙적인 변모양상을 나타내는 변인, 즉 독립변인의 결과. 결과변인이라 불리기도 함. 독립변인 참조.
▸ **간섭변인** intervening variable	독립변인의 영향력을 종속변인에 전달하는 매개변인으로서, 그 값에 따라 독립변인과 종속변인의 관계양상을 변화시킬 수 있다는 측면에서 통제변인이라 불리기도 함.
선행조건 initial conditions	명제가 적용될 수 있는 시간적 · 공간적 범주. 명제와 더불어 이론의 한 구성요소.
설명 explanation	'어떤 현상이 왜 나타났는가'라는 가장 기본적인 과학적 의문에 대한 답을 찾기 위해 그러한 현상이 특정 이론의 구체적 표출사례라는 것을 규명하는 작업.

▶ **귀납확률적 설명** inductive-statistical explanation | 피설명항이 확률적 설명항의 잠정적 귀결이 될 수 있다는 것을 논증하는 작업. 연역법칙적 설명 참조.

▶ **연역법칙적 설명** deductive-nomological explanation | 피설명항이 확정적 설명항의 필연적 귀결이라는 것을 논증하는 작업. 귀납확률적 설명 참조.

설명항 explanans/explicans | 설명의 논증과정에서 전제가 되는 이론이나 법칙. 피설명항 참조.

이론 theory | 특정한 현상과 그 원인 사이의 관계를 규정한 인과형 진술로서, 명제와 명제가 성립될 수 있도록 하는 선행 조건의 집합체.

▶ **연역적 이론** deductive theories | 단정적 법칙으로 구성된 이론. 귀납적 이론 참조.

▶ **귀납적 이론** inductive theories | 확률적 통칙으로 이루어진 이론. 연역적 이론 참조.

▶ **단일변인형 이론** univariate theories | 하나의 변인이 고유한 속성을 나타낸다는 명제를 가진 이론.

▶ **다변인형 이론** multivariate theories | 두 개 이상의 변인들 사이에 특정한 관계가 존재한다는 명제를 가진 이론.

▶ **일반이론** general theories | 시간적·공간적 범주를 뛰어넘어 항상 설명력을 발휘할 수 있는 이론.

▸ **중간범위이론** middle-range theories
적용범주와 검증가능성에 있어서 일반이론과 협범위이론 사이에 위치하는 이론. 협범위이론에 비해 적용범주가 넓고, 일반이론에 비해 경험적 지칭성이 큰 이론.

▸ **협범위이론** narrow-gauge theories
한 개 혹은 아주 적은 수의 연구사례에 제한적으로 적용되지만, 명확한 경험적 지칭성을 가진 개념들로 이루어져 있기 때문에 강한 설명력을 발휘하는 이론.

예측 prediction
이론적 전제에 입각해서 특정한 현상의 도래를 기대하는 작업.

피설명항 explanandum
설명대상으로 주어지는 개별현상. 설명항 참조.

▌2장▌

인과관계와 인과모형

1. 인과관계의 본질

이론은 인과형 진술의 형태를 가진 가설을 검증함으로써 도출된다. 그렇기 때문에 이론을 만들기 위해서는 가설을 구성하고 있는 변인들 사이에 인과관계causal relationship를 설정해야 한다. 그렇다면 인과관계란 과연 어떠한 관계인가? 또 인과성causality의 의미는 무엇인가? 1절에서는 인과관계에 대한 경험과학의 시각과 문제점을 논의해보기로 한다.

1) 인과관계의 의미

인과관계는 어떤 현상의 생성경로를 추적하기 위한 분석구도로서, 경험적으로 확증될 수 없는 **논리적 관계**logical relationship이다. 과학자와 철학자들은 인과관계의 유형을 다섯 가지로 제시한 밀J. S. Mill의 *A System of Logic*(1872)이 출간된 이래 오늘날에 이르기까지 인과관계의 개념과 추론척도를 발전시켜 왔다.

인과관계의 성격은 유리스틱에[63] 따라 달리 규정되지만, **생산**producing의 관계라는 측면에서는 견해가 일치한다. 즉 원인이 **기능**function하여 결과를 생산한다고 본다.[64]

<식 2-1> 인과관계와 수리적 함수관계

● 인과관계: X → Y

▻ 함수방정식-1: Y = F(X)

▻ 함수방정식-2: Y = a + bX

위 〈식 2-1〉의 함수방정식-1과 함수방정식-2는 이와 같은 인과관계를 명확히 표현하고 있다. 우선 X와 Y의 함수관계는 F, 즉 function의 약자로 지칭된다(함수방정식-1). 이는 X가 특정한 방식으로

63_ 서론의 1절 1)항에서 소개한 유리스틱의 의미 참조.

64_ Bunge, M. 1959. *Causality*. Cambridge, Mass.: Harvard University Press, pp. 46-48; Blalock, H. 1964. *Causal Inferences in Non- experimental Research*. Chapel Hill, N.C.: University of North Caro- lina Press, p. 9.

기능하여 Y를 생산한다는 의미로서, 논리적 인과관계의 성격과 일치한다. 한편 함수방정식-2는 '특정한 방식'을 구체적으로 제시하고 있다. X의 한 단위 변화가 a 값과 b 값에 따라, 곧 주어진 기능적 규칙에 따라 Y 값을 만들어낸다고 규정하기 때문이다. 이처럼 X와 Y의 관계를 논리적으로 설정할 수 있을 때 X를 원인(독립변인), 그리고 Y를 결과(종속변인)로 받아들여 양자 간에 인과관계를 부여한다. 그렇다면 이 책이 기초하고 경험과학의 유리스틱은 인과성과 인과관계를 어떻게 바라보는가?

2) 인과관계에 대한 경험과학적 시각

(1) 관계단위의 상호독립성

인과관계는 감각경험을 통해 인지할 수 있는 **상호독립적 단위**들로 구성된다. 즉, 어떤 현상은 '그와 다른' 현상의 소산으로서, 이들은 일정한 기능적 연관성 이외에 어떠한 본질적 동질성도 공유하지 않는다고 본다. 예로서 뉴턴 물리학Newtonian physics에 따르면 힘의 크기는 그와 명백히 구별되는 질량과 가속도의 곱의 크기에 따라 결정된다(아래 〈그림 2-1〉 참조). 또 함수방정식 Y = F(X)에서 원인을 X로, 결과를 Y로 달리 표기한 것은 이처럼 원인과 결과가 서로 구별될 수 있는 현상이라는 경험과학적 시각을 반영한 것이다.

<그림 2-1> 경험과학적 인과관계의 예

● M [질량] × A [가속도] = F [힘의 크기]

▻ M, A, F는 서로 다른 독립적 현상

(2) 규칙성과 재생성

경험과학적 시각에 따르면 모든 현상은 명백한 원인을 갖고 있고, 원인과 결과 사이에 형성되는 인과관계는 **규칙성**과 **재생성**replicability을 나타낸다.

예를 들어 어떤 도시에 인접한 바닷가에 해일이 밀려와 건물이 무너지고 수많은 사상자가 발생했다고 하자. 이처럼 엄청난 해일이 우연히 발생했다고 볼 수는 없다. 따라서 무엇이 해일을 가져왔는가 생각해 볼 때 멀리 떨어진 해저에서 발생한 강력한 지진 때문일 것이라 추측할 수 있다. 그러나 이러한 추측이 사실과 일치하는 것으로 밝혀진다 해도 단 한 개의 사례에 불과하기 때문에 해저지진 → 해일이라는 인과관계를 설정하기 어렵다. 수많은 해일을 추적해 그 원인이 모두 해저지진 때문이었다는 경험적 증거들을 지속적으로 찾아낼 때에 이르러서야 비로소 양자 간의 인과관계를 받아들일 수 있다.

그러나 사회과학연구는 인과질서의 규칙성을 잠정적인 것으로 간주한다. 이러한 잠정성은 네 가지 맥락에서 비롯된다.

① 어떤 사회현상이 생성되는 인과경로는 귀납적으로 추론된다. 즉, 특정한 유형의 인과경로를 공유하는 사례들을 추적해 그러한 유형을 일반화함으로써 규칙성을 탐지한다. 그러나 귀납적 일반화를 통해 도출된 인과질서는 귀납사례의 범주에 제한되기 때문에 조건적conditional이다.

② 어떤 사회현상을 불러일으키는 원인들을 모두 찾아낼 수는 없다. 따라서 밝혀진 원인들은 필요충분조건necessary-sufficient condition이라기보다는 충분조건 또는 필요조건일 뿐이다.65

③ 어떤 사회현상을 불러일으킨 원인을 논리적으로 도출한다 해도 그러한 원인이 항상 일정한 결과를 생산하는지, 더 나아가 왜 생산하는지를 경험적으로 확인할 수 없다.66

④ 인간의 행위정향behavioral orientation, 가치정향value orientation과 심리정향psychological orientation은 계속 변하기 때문에 인간의 상호작용으로 인해 나타나는 사회현상 역시 가변적이며, 따라서 사회현상들 사이의 인과관계는 유동성fluidity을 노정한다.

이에 따라 경험과학적 사회과학연구는 도출된 인과관계를 일단의 가정과 선행조건이 충족되었을 경우에 한해 성립되는 개연적 관계로 받아들인다. 다시 말해서, 인과관계를 언제든 변할 수 있는 경향tendency이나 추세trend로 간주한다.

65_ James, L., Mulaik, S., and Brett, J. 1982. *Causal Analysis, Assumptions, Models, and Data.* Beverly Hills, Cal.: Sage, p. 16.

66_ Blalock(1964), p. 5.

2. 인과관계의 추론

인과관계의 본질에 대한 경험과학적 시각을 받아들인다면, 현상들 사이의 관계가 어떤 특성을 나타낼 때 인과성을 지녔다고 말할 수 있는가? 즉 인과관계를 추론하기 위해 요구되는 논리적·경험적 근거는 무엇인가? 2절에서는 지금까지 경험과학연구에 수용되어 온 인과관계의 추론척도를 크게 세 가지로 나누어 살펴보기로 한다.

1) 시간적 순차

첫 번째로, 원인은 반드시 결과에 시간적으로 앞서야 한다.[67] 예를 들어 유권자가 국회의원 선거에서 어떤 정당을 선택하느냐에 따라 대통령 선거에서의 정당선택이 결정된다는 인과적 진술은 국회의원 선거가 대통령 선거에 앞서 실시된 경우에 한해 타당하다. 또 정권의 정당성을 부인하는 대중시위mass protest가 무엇 때문에 폭발하는가를 밝혀내려면 정치참여제도에 대한 불신의 확산, 급격한 경제악화, 반정부세력의 조직화가 시위폭발 이전에 이미 나타난 경우에만 이들을 원인으로 제시할 수 있다. 다시 말해서, 각각 독립변인과 종속변인으로 여겨지는 현상들이 적정한 시간차time lag를 두고 발생했다는 경험적

67_ Davis, J. 1985. *The Logic of Causal Order*. Newbury Park, Cal.: Sage, pp. 11-12; Nachimas and Nachimas(1996), p. 104; Hage, J. and Meeker, B. 1988. *Social Causality*. Boston, Mass.: Unwin, pp. 13-16; McGaw and Watson(1976), p. 53.

근거를 확보하지 못한다면 이들을 인과적으로 연결시킬 수 없다. 이처럼 인과관계를 추론할 때에는 반드시 서로 연결하려는 현상들의 **발생순차**time order에 유의해야 한다.

<그림 2-2> 시간적 순차

● X_{t-n} [원인] → Y_t [결과]

▻ t: 특정 시점

▻ t-n: t보다 앞선 시점

2) 항상적 연계

두 번째로, 어떤 현상(원인)의 변화가 다른 현상(결과)의 규칙적 변화를 지속적·안정적으로 수반할 때(부수변이附隨變異, concomitant variation) 이들 사이의 인과관계를 추론할 수 있으며, 이러한 척도를 **항상적 연계**constant conjunction라 부른다.**68**

함수관계는 항상적 연계의 논리를 정확히 반영한다. 아래 〈그림 2-3〉에 따르면 GNI의 변화는 함수방정식의 a 값에 따라 규칙적으로 정치참여율의 변화를 수반한다(부수변이). 이러한 부수변이양상은 직선형linear일 수도 있고(사례-1) 곡선형curvilinear일 수도 있으나(사례-2),

---

68_ Asher, H. 1976. *Causal Modeling*. Beverly Hills, Cal.: Sage, p. 11; Hage and Meeker(1988), pp. 8-10.

어떤 모습이든 GNI와 정치참여율 간의 인과관계를 시사한다.

실제 연구과정에 있어서 논리적 척도로서의 항상적 연계는 통계적 공변statistical covariance, 곧 함수적 상관관계functional correlation라는 경험적 척도로 대체된다.

<그림 2-3> 항상적 연계의 예

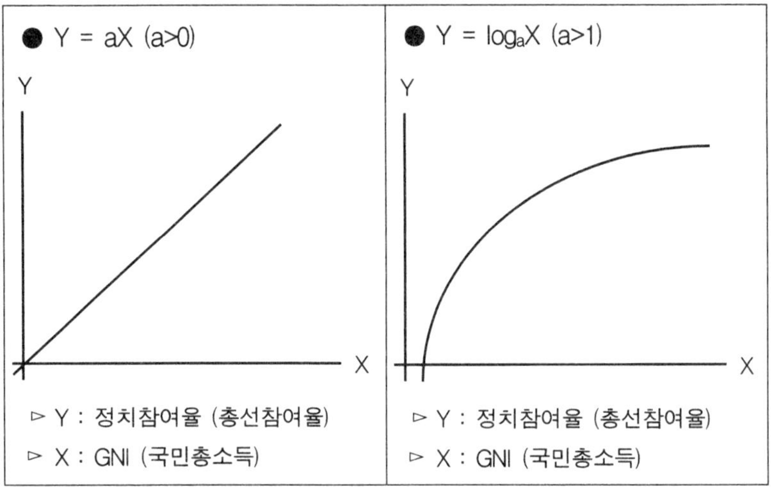

다시 말해서 독립변인과 종속변인 간의 **공변규칙성**이 연구의 시간적·공간적 선행조건 하에서 안정적으로 나타날 때 인과관계의 추론에 요구되는 경험적 근거를 얻을 수 있다. 그러나 단지 공변규칙성만을 근거로 인과관계의 존재를 단정해서는 안 된다. 공변규칙성은 경험적으로 관측된 현상들의 개별적 변이양상variance을 통계적으로 연결시킬 수 있다는 점을 보여줄 뿐이며, 따라서 원인이 결과를 실제로 '생산'했다는 인과성의 본연적 의미와 합치되는 것은 아니기 때문이다.

> …인과관계의 비대칭성asymmetry은 생산의 관념에서 비롯된다. [원인과 결과의] 시간적 순차 역시 비대칭성을 노정하지만, 그것과 인과관계를 혼동해서는 안 된다…[마찬가지로] X의 변화가 Y의 변화를 [실제로] 생산한다는 경험적 근거를 찾을 수는 없다. 우리가 관측할 수 있는 것은 X의 변화에 뒤이어 Y의 변화가 나타난다는 사실 뿐이다…**69**

요컨대 항상적 연계는 인과관계의 필요조건necessary condition이라고 말할 수 있다. 즉, 독립변인과 종속변인이 일정한 규칙에 따라 공변하지 않는다면 인과관계의 추론이 불가능하나 그렇다 해서 인과관계의 실재를 확증할 수는 없다.

3) 탈허위성

마지막으로 인과관계가 허위성spuriousness을 가져서는 안 된다(**탈허위성**nonspuriousness). 즉, 독립변인 → 종속변인의 관계가 겉으로만 그렇게 보이는 것이 아니라 진정한genuine 것이어야 한다.**70**

인과관계의 허위성을 야기하는 요인들은 무수히 많지만, 미처 파악

69_ [ ] 속의 말은 독자의 이해를 돕기 위해 이 책의 저자가 추가한 것임. Blalock(1964), pp. 19, 173.

70_ Hage and Meeker(1988), pp. 21-25; Nachimas and Nachimas(1996), p. 104; McGaw and Watson(1976), p. 54 등을 참조할 것.

하지 못한 변인의 영향력 때문에 나타나는 경우가 많다. 예로서 정치학자-1이 성별(독립변인)이 대학생의 이념정향(종속변인)에 미치는 인과적 영향력을 파악하기 위해 각 100명의 남녀 대학생을 무작위 표본으로[71] 추출한 후 설문조사를 실시했다 하자. 조사결과는 아래 〈표 2-1〉과 같다.[72]

<표 2-1> 표본 전체

	좌	우	합계
남	73	27	100
여	24	76	100

〈표 2-1〉을 보면 남학생의 73%가 자신의 이념정향을 '좌'로, 여학생의 76%가 '우'로 답하고 있으며, 따라서 성별에 따른 이념정향의 차이가 확연히 드러난다. 즉, 대학생의 성별과 이념정향 사이의 인과관계가 존재한다는 정치학자-1의 가설은 옳은 것처럼 보인다. 그러나 정치학자-2가 같은 표본을 대상으로 전공(사회과학, 자연과학)이라는 변인의 영향력을 통제해 본 결과 아래 〈표 2-2〉, 〈표 2-3〉과 같이 전혀 다른 양상을 발견했다.

71_ 모집단의 모든 구성단위가 동일한 표집확률(표본으로 뽑힐 확률)을 갖고 있는 표본. 제4장 2절 5)항 "모집단과 표본" 참조.

72_ 이러한 표를 유관표contingency table 혹은 crosstabulation이라 부른다.

<표 2-2> 자연과학 전공자

	좌	우	합계
남	22	18	40
여	16	14	30

<표 2-3> 사회과학 전공자

	좌	우	합계
남	51	9	60
여	8	62	70

즉, 자연과학 전공자 70명의 경우(〈표 2-2〉) 성별과 이념정향 사이에 통계적으로 의미 있는 관계가 전혀 나타나지 않고 있는 반면, 130명의 사회과학 전공자들(〈표 2-3〉)은 〈표 2-1〉의 관계를 재현하고 있다. 이는 정치학자-1이 고려하지 않았던 전공이라는 변인이 독립변인(성별)과 종속변인(이념정향) 사이에 개입하여 영향력을 발휘한다는 사실을 보여주며, 따라서 애당초 그가 찾아낸 관계는 허위적 관계였다는 것을 알 수 있다.

3. 인과모형

1) 인과모형의 의미

과학적 연구는 이론적 시각에 따라 현실세계에 접근하는데 도움을 주는 길잡이, 곧 **모형**model[73]을 통해 이루어진다. 즉, 모형은 현실세계의 모습을 이론적으로 재구성한 분석기제analytic device로서, ① 연구대상의 핵심적 구성단위, 곧 **작동변인**operating variable과 ② 작동변인들의 관계가 형성되는 **경로**path를 보여준다.[74] 특히 어떤 현상의 인과적 생성경로를 체계적으로 보여주는 모형을 **인과모형**causal model이라 부른다(아래 〈그림 2-4〉 참조).

모형은 현실세계와의 **상호조응성**isomorphism을 갖고 있기 때문에 길잡이의 역할을 수행한다.[75] 그러나 모형은 결코 현실세계의 완벽한 복제replica가 아니며, 단순하게 재구성된 현실simplified reality이라고 볼 수 있다. 즉, 모형의 설계자는 특정한 이론에 따라 실제 현상의 표출양상 가운데 가장 중요하다고 판단되는 것만을 선택해 그들 간의 관계양상을 설정한다. 따라서 모형과 현실세계의 상호조응성은 부분적이

73_ 또는 분석모형analytic model.

74_ Nachmias and Nachmias(1996), pp. 43-44, 593; Shipan, C. 2004. "Model." Lewis-Beck, M., Bryman, A., and Liao, T., eds. *The SAGE Encyclopedia of Social Science Methods*, Vol. 2., Thousand Oaks, CA: Sage, p. 655.

75_ Brodbeck, M., 1968. "Models, Meaning, and Theories." M. Brodbeck, ed. *Readings in the Philosophy of the Social Sciences*. London: Macmillan, pp. 579-580; Kaplan(1998), p. 263.

자 불완전한 것이며, 같은 현상에 대한 서로 다른 모형들이 있을 수 있다. 블레이록H. Blalock에 따르면,

> …[모형설계는] 제한된 수의 작동변인을 선택하는 것으로부터 시작된다. 어떤 작동변인을 모형에 포함시킬 것인가를 결정하기 위해서는 깊은 이론적 성찰이 선행되어야 한다. 그러나 일단 결정이 내려지면 선택된 변인들만을 갖고 모형을 만들어야 한다…만약 모형이 부적절한 것으로 밝혀지면 새로운 변인을 추가하거나 다른 방식으로 모형을 수정해야 한다…다시 말해서 확정적 모형이란 있을 수 없고, [동일한 현상에 대한] 두 개의 모형이 서로 다른 작동변인을 포함하고 있을 때 둘 중 하나가 틀렸다고 단언할 수도 없다…**76**

<그림 2-4> 인과모형의 예

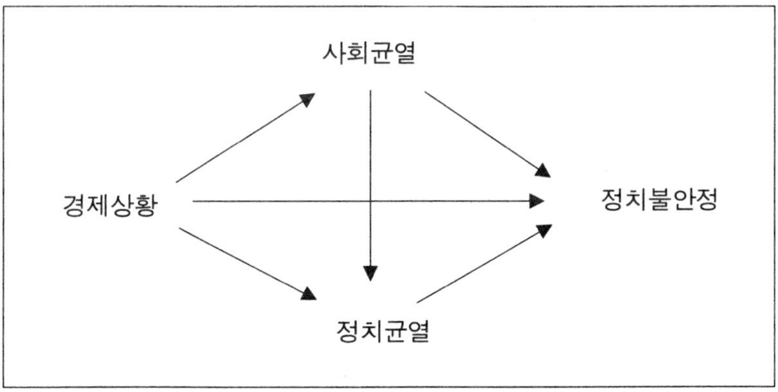

76_ [ ] 속의 말은 독자의 이해를 돕기 위해 이 책의 저자가 추가한 것임.

예로서 플라스틱 모형비행기 조립세트는 진짜 비행기의 모습 가운데 가장 중요한 부분만을 골라 부품으로 만들어 놓았기 때문에 조립하는 사람은 비행기의 주요 구성단위가 무엇인지(날개·동체·조종석·엔진·프로펠러 등), 구성단위(부품) 사이에 어떤 관계가 형성되는지(날개와 동체의 관계 등), 그리고 그와 같은 구성단위들로 이루어진 총체적 구조가 비행기의 움직임과 어떻게 연관되는지를 짐작할 수 있다. 그리고 조립하는 과정을 통해 비행기의 구조를 파악하게 되면 수직꼬리날개에 달린 방향타가 떨어져나간 비행기는 지그재그로 날다가 끝내 추락하리라는 등 비행기의 움직임과 관련된 여러 가지 가설을 만들 수 있고, 또 실제로 벌어진 비행기의 추락사건을 구성단위의 작동불량(엔진고장)이나 구성단위 간의 관계붕괴(연료탱크와 엔진을 연결하는 파이프의 균열)를 통해 설명할 수 있다.

앞서 말한 것처럼 모형은 어디까지나 이론에 기초를 두고 있지만 이론이 없다면 연구자의 고유한 판단에 따라 만들어질 수도 있다. 그러나 두 가지 경우 모두 작동변인을 선택하거나 변인들 사이의 관계경로를 설정함에 있어서 불완전성을 벗어나지 못한다. 즉, 플라스틱 모형비행기는 진짜 비행기의 모습을 있는 그대로 보여주지 못한다. 왜냐하면 날개와 동체를 연결하는 작은 나사와 같은 진짜 비행기의 모든 국면이 빠짐없이 부품으로 만들어지는 것은 아니기 때문이다. 플라스틱 모형비행기는 어디까지나 실제 비행기를 구조적 측면에서 단순화한 재구성체에 불과하다. 또 동일한 실제 비행기를 본떠 만든 서로 다른 모형이 있을 수 있고, 그들이 갖고 있는 부품이 다를 수도 있다.

플라스틱 모형비행기는 또 다른 측면에서 진짜 비행기와 다르다. 모형비행기는 날지 못한다. 즉, 모형비행기와 진짜 비행기는 구조의 측면에서는 비슷하지만(**구조적 상호조응성**structural isomorphism) '비행'이라는 기능의 측면에서는 상호조응성(**기능적 상호조응성**functional isomorphism)을 잃게 된다.

정치학연구를 포함한 사회과학연구의 모형은 대부분 구조적 상호조응성만을 가진 불완전한 모형이다. 자연과학이나 공학은 조종사를 훈련하는데 사용되는 비행시뮬레이터flight simulator처럼 실제 현상과 구조적·기능적 상호조응성을 모두 갖춘 모형을 만들어낼 수 있다. 그러나 인간의 사회적 상호작용을 다루는 사회과학에 있어서는 기능적 상호조응성을 가진 모형을 설계하기가 대단히 어렵다. 왜냐하면 ① 인간의 행위와 심리적 정향은 자연현상과 달리 끊임없이 변하며, ② 이에 따라 모형을 구성하는 인자(작동변인)의 엄격한 통제가 불가능하고, ③ 인간을 다룰 때 부딪히게 마련인 윤리적 장벽을 극복하기 어렵기 때문이다. 예로서 '전쟁모형'을 통해 전쟁을 일으켜 볼 수는 없다.

2) 모형·이론·가설: 모형의 기능

모형, 이론과 가설은 모두 현상을 설명하고 예측하기 위한 도구로서 같은 구조와 내용을 갖고 있다. 그럼에도 불구하고 서로 다른 명칭을 사용하는 것은 이들이 연구의 진행단계에 따라 나타내는 방법론적 성격의 차이 때문이다.

우선 가설은 제1장에서 지적한 것처럼 어떤 현상의 인과적 생성경로에 관한 연구자의 선험적 기대*a priori* expectation만을[77] 담고 있는 진술이다. 가설이 검증에 필요한 방법론적 요건을 갖출 때, 즉 구성개념이 경험적 지칭성을 가진 작동변인으로 재구성되고 그들 간의 개략적 연계구조가 통계적 상관관계처럼 구체적 형상을 가진 관계경로로 대체될 때 가설모형hypothetical model이 된다. 검증을 통해 경험적으로 뒷받침된 가설모형을 확증모형confirmed model이라 부르며, 동일한 현상을 다루는 몇 개의 확증모형을 일반화하여 이론을 만들게 된다.

<그림 2-5> 모형과 이론

● 이론(가설): $C_1 \rightarrow C_2$

○ 모형: $V_3 = a + b_1V_1 + b_2V_2 + e$

▻ C_1, C_2: 이론의 구성개념

▻ V_3: C_2의 작동변인(종속변인)

▻ V_1, V_2: C_1의 작동변인(독립변인)

▻ e: 교란항(오차항)

이론을 도출했다 해서 과학적 연구가 끝나는 것은 아니다. 즉, 새로운 가설을 이론으로부터 끌어낸 다음 같은 과정을 거쳐 보다 강한 설명력과 예측력을 가진 이론이 구축된다. 또한 모형은 이론을 실용화하는 수단이 될 수도 있다. 비행기의 구조를 개선하기 위한 풍동風洞 실험에 있어서 풍동은 실제 기류의 움직임 가운데 가장 중요한 국면만을 선택해 실체화한 모형이라고 할 수 있는데, 이러한 풍동을 만들

77_ 이미 도출된 이론적 전제나 가정, 또는 직관에 근거한 기대.

기 위해서는 기류의 움직임에 관한 수많은 이론이 필요하다. 요컨대 모형은 이론화 과정에서 연구자의 이론적 인식과 현실세계 사이의 연결고리 역할을 담당한다.

4. 인과모형의 구조

1) 인과모형의 구성단위

(1) 변인

가. 작동변인과 교란항

인과모형은 인과관계의 논리적 성격에 맞추어 두 가지 작동변인, 곧 종속변인과 설명변인(**독립변인**, **매개변인**)으로 구성된다. 그러나 모든 작동변인들을 빠짐없이 갖고 있는 모형은 존재할 수 없다. 즉, 모형에서 누락된 수많은 요인들이 설명변인 → 종속변인 간의 관계에 영향을 준다고 보아야 한다. 이처럼 숨겨진, 혹은 모형설계자가 미처 발견하지 못한 외부요인들을 교란항이라[78] 부른다. 모형은 작동변인들만으로 현실세계가 움직이며, 비록 교란항이 있다 해도 그 영향력

78_ 또는 오차항error terms.

이 무시할 수 있을 정도로 미약하다는 **단순화 가정**simplifying assumption에 따라 만들어진다.

> …모형은 현실세계 자체를 보여주는 것이 아니기 때문에, 그리고 서로 다른 대안적 모형들이 같은 예측을 할 수 있기 때문에 어떤 모형도 확정될 수 없다. [따라서] 경험적 자료와 일치하지 않는 예측을 한 부적절한 모형을 버리거나 수정할 수 있을 따름이다…그렇기 때문에 모형을 구축할 때에는 모형에서 누락된 변인들로부터 야기되는 교란을 인정할 수밖에 없으며, 이러한 외부요인의 영향력을 통제하기 위한 [잠정적] 가정을 세워야 한다…**79**

그렇다면 설명변인들은 과연 어떤 것들인가? 모형이 제시하고 있는 인과경로에 영향을 주는 변인들은 아래와 같은 세 가지 유형으로 구분될 수 있다(다음 〈그림 2-6〉 참조).**80**

① 모형 속에서 종속변인에 직접적 또는 간접적 영향력을 미치는 변인
② 모형에 포함되지 않은 외부요인으로서 모향 속의 설명변인과 어우러져 종속변인에 영향을 주는 변인(**중첩변인**confounding variable)
③ 모형에 포함되지 않은 외부요인으로서 종속변인에 대한 독자적

79_ Blalock(1964), p. 173.
80_ Blalock(1964), pp. 22-23.

영향력은 갖고 있지만 모형 내 설명변인 또는 설명변인에 영향을 주는 다른 외부요인와 연관되지 않은 변인

이 가운데에서 설명변인은 유형-①에 해당되는 변인이며, 유형-② 변인과 유형-③ 변인은 교란항으로서 모형을 만드는 과정에서 여러 가지 방식을 통해 그 영향력이 최대한 억제된다.

<그림 2-6> 인과경로에 영향을 주는 변인의 유형

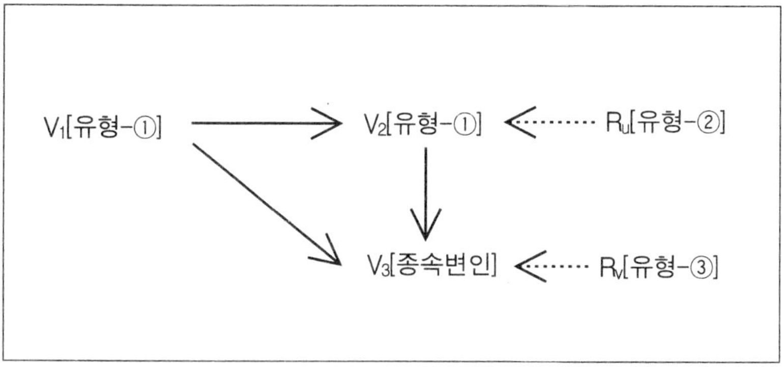

나. 내생변인과 외생변인

작동변인들은 또한 **내생변인**endogenous variable과 **외생변인**exogenous variable으로 나누어진다. 내생변인은 모형에 포함된 여타 작동변인의 인과적 영향력을 받는 변인을 지칭하며, 외생변인은 그 모습이 전적으로 모형에 포함되지 않은 외부요인에 의해 결정되는 변인을 뜻한다.[81] 즉, 위 〈그림 2-6〉에서 V_3는 V_1과 V_2, 그리고 V_2는 V_1의 영향

을 받는 내생변인들이다. 그러나 V_1은 모형에 포함된 어떤 변인의 영향도 받지 않고 있다. 따라서 V_1의 모습은 모형 밖의 요인에 의해 결정된다고 보아야 하며, 따라서 외생변인에 해당된다.

그런데 V_2와 V_3는 모형 속의 다른 작동변인들뿐 아니라 교란항 R_u, R_v의 영향력도 함께 받고 있다는 점에 주목해야 한다. 이러한 변인을 **부분적 내생변인**partially-endogenous variables이라 부른다. 물론 현실세계에서는 순수한 내생변인이 존재할 수 없다. 즉, 모형 속의 작동변인이 외부요인(교란항)의 영향력으로부터 완전히 차단된다는 비현실적 가정을 받아들이지 않는 한 모든 내생변인은 부분적 내생변인의 성격을 갖는다고 보아야 한다.[82]

변인의 위상과 그에 따른 명칭은 각 변인이 모형 속에서 어떠한 역할을 수행하느냐에 따라 잠정적이자 가설적으로 주어진 것에 불과하다는 점에 주목해야 한다. 즉, 독립변인과 종속변인 사이에 아무런 간섭변인도 상정되지 않았다 해서 현실세계 역시 그러하리라 단정할 수는 없다. 또 내생변인과 외생변인 역시 모형의 인과구조에 따라 상대적으로 결정되는 것일 뿐이다. 요컨대 과학적 연구에 있어서 모든 모형은 계속 변화하거나 일시적으로 붕괴되는 과정적 성격을 지닌다고 보아야 한다.

81_ Little, D. 2004. "Endogenous Variable," "Exogenous Variable." Lewis-Beck, Bryman, and Liao(2004), pp. 308-309, 347.

82_ 즉 부분적으로는 모형 밖의 변인들에 의해 영향을 받는 내생변인. Little(2004), p. 347.

(2) 인과경로

인과모형이 제시하고 있는 작동변인 간의 관계 혹은 교란항과 작동변인 간의 관계를 **인과경로**causal path(혹은 단순히 경로)라 부른다. 각 인과경로가 서로 연결된 총체적 인과네트워크causal network의 모습은 물론 모형설계자의 이론적 시각에 따라 설정된다. 예로서 앞의 〈그림 2-6〉 모형은 설명변인 V_1으로부터 시작하여 또 다른 설명변인 V_2를 거쳐 종속변인 V_3에서 끝나는 3개의 일방적unidirectional 경로와 더불어, 교란항 R_u → 설명변인 V_2, 교란항 R_v → 종속변인 V_3 등 2개의 일방적 경로로 구성된다.

한편 인과경로는 **직접경로**direct path와 **간접경로**indirect path로 구분된다. 즉, 〈그림 2-6〉에서 $V_1 \rightarrow V_2$, $V_2 \rightarrow V_3$는 그 사이에 어떤 변인도 개입하지 않는 직접경로이며, V_1과 V_3 사이의 경로는 직접경로($V_1 \rightarrow V_3$)와 V_2를 거쳐 진행되는 간접경로($V_1 \rightarrow V_2 \rightarrow V_3$)를 모두 포함한다.

2) 변인과 경로의 표기

인과모형을 구성하고 있는 변인과 경로의 표기방식은 아래와 같다.[83]

83_ Davis(1985), pp. 19-20.

① 작동변인을 표기할 때에는 앞의 〈그림 2-6〉에 나타난 것처럼 변인을 의미하는 영어단어 variable의 앞 글자 V를 사용한다.
② 각 작동변인에 고유한 번호(1, 2…)를 붙여 인과순차, 곧 인과경로에서 어떤 변인이 앞서고 어떤 변인이 뒤따르는가를 표기한다(V_1, V_2, V_3…).
③ 교란항은 R로 표기하되 여러 개 있을 때에는 R 뒤에 연구자가 정한 알파벳을 내림차순으로 붙여 구분한다(R_u, R_v, R_w…).
④ 인과경로는 path를 뜻하는 P로 표기하고, 두 개의 숫자를 붙여 서로 연결되는 변인의 인과순차를 밝힌다. 예로서 P_{21}은 V_1이 앞서고 V_2가 뒤따르는 경로를 지칭한다. 여기에서 유의해야 할 것은 인과순차를 나타내는 숫자를 원인 · 결과가 아니라 결과 · 원인의 형식으로 붙인다는 점이다. 즉, V_1(원인) → V_2(결과)의 경우 P_{12}가 아니라 P_{21}으로 표기한다(다음 〈그림 2-7〉 참조).

다음 〈그림 2-7〉에 제시된 4변인형 모형은 V_1, V_2, V_3, V_4 등 세 개의 작동변인을 갖고 있는데, 인과경로의 흐름을 살펴보면 출발점은 V_1, 종착점은 V_4이고, V_2와 V_3는 그 사이에 자리 잡고 있다. 따라서 굳이 그림을 보지 않더라도 각 작동변인에 달린 번호를 통해 작동변인들 간의 인과순차를 파악할 수 있다. 그렇다면 어떻게 인과순차를 결정하는가? 가장 간단한 방법은 각 작동변인으로 들어오는 경로(진입경로incoming path)의 수를 세는 것이다. 〈그림 2-7〉 모형을 예로 들어 각 작동변인이 가진 진입경로를 세어 보면 아래와 같다.

즉, V_1은 진입경로가 전혀 없는 출발점이다. 다음으로 V_2와 V_3로 진입하는 경로는 각각 1개와 2개, 그리고 종착점인 V_4로 들어오는 경로는 3개이다. 따라서 진입경로의 수가 적을수록 인과순차가 앞서며,

실제로 진입경로의 수에 따른 인과순차와 그림에 나타난 인과순차가 일치한다는 것을 알 수 있다(인과순차: $V_1 \rightarrow V_2 \rightarrow V_3 \rightarrow V_4$).

<그림 2-7> 작동변인의 인과순차

- V_1: 없음
- V_2: 1개 (P_{21})
- V_3: 2개 (P_{31}, P_{32})
- V_4: 3개 (P_{41}, P_{42}, P_{43}).

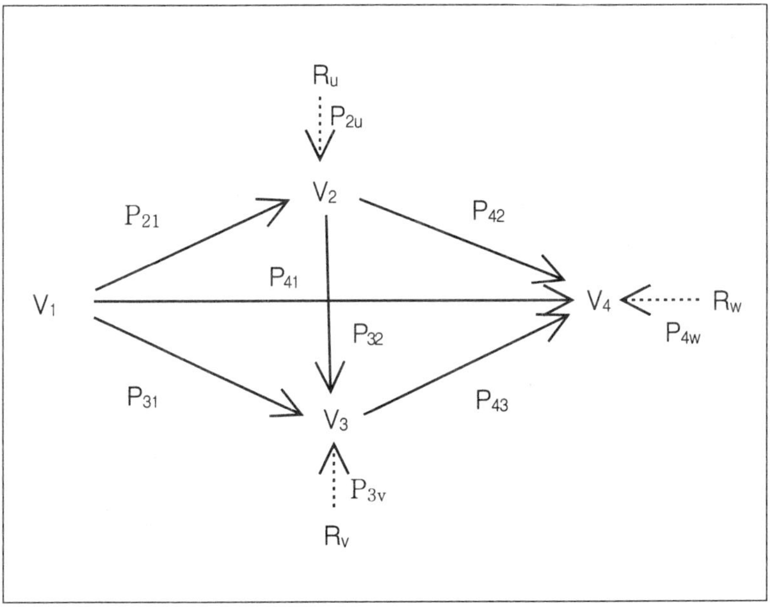

3) 인과모형의 유형

인과모형을 만드는 데에는 일반적 용어general terms, 부호notation, 흐름도flow chart 등 다양한 표현매체를 사용할 수 있지만, 경험과학연구는 주로 수식數式을 통해 모형을 제시한다.[84] 작동변인의 값을 정확히 측정해 그들 간의 공변양상을 체계적으로 파악하는 데에는 수리통계모형mathematical-statistical model이 적합하다고 보기 때문이다. 또한 수리통계모형은 계량정보(정량정보quantitative information)가 가진 상호주관성으로[85] 인해 설명력과 예측력을 쉽게 판정할 수 있다는 장점을 갖고 있다. 이와 같은 매체와 방식을 통해 구축되는 인과모형으로서는 축차모형과 비축차모형 등 두 가지 유형이 있다.

(1) 축차모형

가. 축차모형의 구조

축차모형recursive model은 두 개 이상의 작동변인들이 한쪽 방향을

84_ 쉬판(Shipan 2004, p. 655)에 따르면 모형은 이론모형theoretical model과 경험분석모형empirical model으로 구분된다. 이 두 가지 모형은 모두 "현실세계를 추상화한 도식an abstraction from reality"이지만, 이론모형은 "실제 세계의 현상들이 어떻게 나타나는가에 관한 주장argument이나 이야기story-telling로서 그러한 현상들의 주요 구성인자들이나 생성기제mechanism를 규명할 수 있도록"하며, 경험분석모형은 회귀분석모형과 같이 이론모형을 경험적·계량통계적으로 검증될 수 있도록 재구성한 모형이라 규정한다.

85_ 서론의 2절 "과학적 지식의 특성" 참조.

향해 순차적으로 연결된 모형을 지칭한다. 즉, 축차모형은 ① 인과경로의 출발점과 종착점이 명확히 존재하고, ② 출발점에서 종착점에 이르는 인과경로가 일방적(비순환적non-circulatory)이며, ③ 모형 속의 인과경로에 대한 교란항의 영향력을 인정한 '열린 모형open model'이다.[86]

<그림 2-8> 축차모형의 예

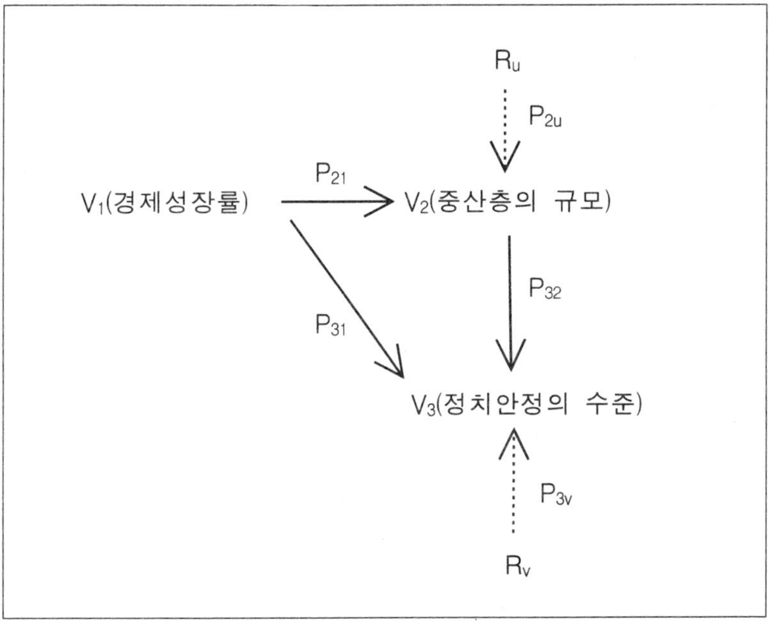

위 〈그림 2-8〉은 정치안정의 수준이 결정되는 인과경로를 제시한 축차모형으로서, 출발점인 설명변인 V_1(경제성장률), 또 하나의 설명변인 V_2(중산층의 규모), 그리고 종착점인 종속변인 V_3(정치안정의

86_ Davis(1985), pp. 16-17.

수준) 등 세 개의 작동변인과 두 개의 교란항(R_u, R_v)을 갖고 있다. 이러한 모형에 따르면,

① 경제성장률(V_1)이 어느 정도인가에 따라 정치안정의 수준(V_3)이 결정된다. 즉, 경제가 성장할수록 정부에 대한 국민의 신뢰와 지지가 커져 정치안정의 수준이 높아지고, 반대로 경제성장이 둔화될 경우 정치가 불안해진다.

② 경제성장률(V_1)은 또한 중산층의 규모(V_2)라는 개입변인을 통해 정치안정의 수준(V_3)에 간접적 영향력을 행사한다[간접경로]. 즉, 경제가 성장할수록 중산층의 규모가 더욱 커지고, 이에 따라 정부를 지지하는 세력이 확장됨으로써 정치안정의 수준이 높아진다(반대의 경우도 가능: 경제성장 둔화 → 중산층 축소 → 정치불안정).

따라서 〈그림 2-8〉 축차모형의 인과네트워크는 각각 한 개의 직접경로와 간접경로로 구성된다.

- 직접경로 [P_{31}]: V_1(경제성장률) → V_3(정치안정의 수준)
- 간접경로 [P_{21}, P_{32}]: V_1(경제성장률) → V_2(중산층의 규모) → V_3(정치안정의 수준)

나. 축차모형의 교란항

앞서 말한 바와 같이 축차모형은 교란항을 갖고 있으며, 이들에 관

한 세 가지 가정을 세운다.

① 교란항의 영향력은 작동변인의 영향력에 비해 크게 떨어지고, 비록 어느 정도 영향력이 있다 하더라도 무시할 수 있을 정도로 약한 수준이다.
② 교란항들은 서로 상관관계를 갖지 않는다. 즉, 교란항 사이에는 어떤 형태로든 인과경로가 존재하지 않는다(〈그림 2-8〉의 경우 $Cov[R_u\ R_v] = 0$).
③ 어떤 설명변인과 연결된 교란항과 여타 설명변인 간에는 상관관계가 존재하지 않는다(〈그림 2-8〉의 경우 $Cov[R_u\ V_1] = 0$).

● Cov[X Y]

▻ Cov는 공변, 곧 covariance를 지칭하는 통계학 용어이며, Cov[X Y]는 두 개의 변인 X, Y의 공변양상, 즉 상관관계($R_{x\ y}$)의 수준을 보여줌.
▻ 예로서 Cov[X Y] = 0일 경우 X와 Y 사이에는 상관관계가 전혀 없고(공변하지 않음), 반대로 Cov[X Y] ≠ 0일 때에는 두 변인이 상관관계를 갖는다고 봄(규칙적으로 공변함).
▻ 변인들 간의 상관관계는 주로 회귀분석을 통해 파악함.

〈그림 2-8〉 모형에 따르면 정치안정의 수준(V_3)은 주로 경제성장률(V_1)과 중산층의 규모(V_2)에 따라 결정되지만, 모형에 포함되지 않은 외부요인들 역시 영향을 미치고 있다. 이처럼 정확히 무엇인지 알

수 없는 교란항을 R_u, R_v로 표현한다. 즉, R_u와 R_v에는 경제성장률과 중산층의 규모 외에 실업률 · 의회분절도parliamentary fractionalization · 정치 참여장치의 효율성 등 정치안정에 영향을 주는 수많은 요인들이 포함되어 있다고 보아야 한다. 그러나 모형설계자는 이들을 설명변인으로 선택하지 않았는데, 그 이유는 종속변인 V_3에 대한 영향력이 설명변인 V_1, V_2에 비해 크게 떨어지고, 이들을 무시한다 해도 모형의 기본 구조가 무너지지 않을 것이라 기대했기 때문이다.

결국 교란항은 모형의 검증결과에 따라 그 중요성이 판정된다. 만약 교란항의 영향력을 무시한 모형이 검증을 통해 무너져 버린다면, 혹은 작동변인의 영향력이 기대한 만큼 충분하지 않다는 사실이 밝혀진다면 교란항에 대한 재검토가 이루어져야 한다. 즉 교란항에 포함되어 있을 가능성이 있는 수많은 외부요인들 가운데 몇 개를 이론적 판단에 따라 선정하여 작동변인으로 배치한 새로운 모형을 설계할 수 밖에 없다.

● 회귀분석Regression**87**

▻ 설명변인과 종속변인 사이의 함수적(선형적 혹은 비선형적) 상관관계를 추적하기 위해 널리 사용되는 통계분석기법.

▻ 이러한 상관관계의 형상과 심도를 회귀계수regression coefficient(b), 상관계수correlation coefficient(R), 결정계수coefficient of determination(R^2) 등을 통해 파악함.

▻ 검증하려는 가설(모형)의 성격에 따라 간단한 중다회귀분석multiple regression으로부터 로짓LOGIT, 프로빗PROBIT 등 고도의 방법까지 적절한 유형을 선택하여 사용함.

다. 축차모형의 수리적 표현: 구조방정식

모형의 총제적 인과구조(인과네트워크)를 수리적으로 표현한 연립 방정식(선형방정식linear equation)을[88] **구조방정식**structural equation이라 부른다. 〈그림 2-8〉과 같은 3변인형 축차모형의 구조방정식은 아래와 같다.

<식 2-2> 3변인형 축차모형의 구조방정식

- 구조방정식-1: $V_2 = P_{21}V_1 + P_{2u}R_u$
- 구조방정식-2: $V_3 = P_{31}V_1 + P_{32}V_2 + P_{3v}R_v$

위 구조방정식-1, 2에서 P_{21}, P_{31}, P_{32}, P_{2u}, P_{3v}를 **경로계수**path coefficient라 부르며, 경로계수의 값이 크면 클수록 서로 연결되는 변인들의 상관관계가 강해진다.

예로서 구조방정식-1의 경우, 경로계수 P_{21}의 값은 매우 큰 반면 (P_{21}=0.97) P_{2u}의 값은 무시할 수 있을 정도로 작다면(P_{2u}=0.01) 모형이 적합하다고 판단할 수 있다. 왜냐하면 이는 종속변인 V_2에 대한 설명변인 V_1의 인과적 영향력이 교란항 R_u의 영향력보다 훨씬 강하다는 뜻이고, 따라서 설명변인을 제대로 선택했다는 증거가 되기 때문

87_ 모든 통계학 서적이 회귀분석의 논리를 상세히 소개하고 있으나, Lewis-Beck, Bryman, and Liao(2004), Vol. 2, pp. 935-946에 체계적으로 요약되어 있음.

88_ 최고차항의 차수가 1인 방정식(일차방정식).

이다.

● 경로계수[89]

▷ 인과모형의 구조방정식에 있어서 작동변인 간의 관계양상을 결정하는 계수.

▷ 회귀분석을 통해 얻어지는 베타β, 즉 표준화된 회귀계수 standardized regression coefficient의 값을 사용.

▷ 회귀계수는 독립변인 → 종속변인 사이의 선형적 · 함수적 상관관계의 모습을 결정하는 계수 (Y = a + bX라는 선형 방정식에서 b).

이와 아울러, P_{21}의 값은 양수(+)이기 때문에, V_1과 V_2는 마치 Y = a + bX라는 함수관계처럼 직선의 형태를 나타내는 양의 선형적 관계 positive linear relationship를 갖는다는 사실을 알 수 있다. 이러한 정보 역시 모형설계자의 기대와 부응하는가의 여부에 따라 모형을 받아들이거나 버리는 데 사용된다.

89_ 경로계수에 관해서는 김웅진. 2011. 『인과모형의 설계: 사회과학적 접근』. 서울: 한국외국어대학교출판부, pp. 73-78; Asher(1976), pp. 17-20을 볼 것.

● 인과관계, 상관관계와 경로계수

▻ 인과관계의 가장 핵심적 추론척도는
원인 → 결과의 항상적 연계.

▻ 실제 연구과정에서는 논리적 의미에 있어서의 항상적 연계를
독립변인 → 종속변인의 통계적 공변, 곧 상관관계로 대체.

⇩

⇨ 따라서 상관관계의 깊이를 표현하는 경로계수 값이 클 때
작동변인들 사이에 강한 인과관계가 존재한다고 추론할 수
있음.

또 구조방정식-2를 보면 작동변인 V_1, V_2와 교란항 R_v가 각기 P_{31}, P_{32}, P_{3v}라는 독립적 경로를 통해 V_3에 인과적 영향력을 행사하고 있는데, 이는 V_1, V_2와 R_v가 아무런 상관관계를 갖지 않는다는 것을 의미한다. 이로부터 구조방정식의 '+'는[90] 그러한 부호로 연결되는 단위들의 **통계적 상호독립성**statistical independence을 지칭하는 부호라는 사실을 알 수 있다. 즉, 정치안정의 수준(V_3)은 거의 대부분 경제성장률(V_1)과 중산층의 규모(V_2)에 의해, 나머지 극히 일부는 교란항 R_v에 의해 결정되지만, V_1, V_2와 R_v이 V_3에 대해 각각 영향력을 행사한다는(바꾸어 말해서 영향력이 서로 겹치지 않는다는) 뜻이다. 검증을 통해 이러한 구조방정식이 옳은 것으로 밝혀진다면 앞서 축차모형의 교란항에 관한 세 가지 가정 중 가정-②와 가정-③을 충족시킨다고

90_ '-'도 마찬가지임.

말할 수 있다.

(2) 비축차모형

가. 축차모형의 구조

다음 〈그림 2-9〉와 같은 모형을 **비축차모형**nonrecursive model이라 부른다. 비축차모형은 되돌아오는 인과경로(순환경로)를 갖고 있기 때문에 출발점과 종착점을 명확히 규정할 수 없다. 즉, 어느 변인으로부터 시작하여 경로를 추적하느냐에 따라 모든 변인이 출발점이나 종착점이 될 수 있고, 또한 모든 변인이 다른 변인들 사이의 관계를 연결시켜준다는 측면에서 매개변인의 역할을 수행할 수도 있다.[91]

그러나 실제로 비축차모형을 만들 때에는 이론적 판단에 따라 작동변인의 순차를 정한다. 왜냐하면 두 개의 작동변인이 동시에 서로 영향을 주는 상황을 생각할 수 없기 때문이다. 바꾸어 말해서, 현실세계 속에서 나타나는 상호인과관계reciprocal causal relation($V_1 \rightleftarrows V_2$)는 어느 정도 시간차를 두고 형성되는 두 개의 일방적 관계로 이루어져 있다고 보아야 한다($V_1 \rightarrow V_2$, 시간이 지난 후 $V_2 \rightarrow V_1$).[92] 이러한 시간차는 명백히 관측될 수도 있고, 관측이 불가능할 정도로 짧을 수도 있다. 비축차모형의 모든 작동변인은 여타 작동변인과 교란항으로부터 동시에 영향을 받는 내생변인(부분적 내생변인)이다.[93]

91_ Davis(1985), pp. 17-18.

92_ Hage and Meeker(1988), p. 17.

93_ 즉, 비축차모형에는 축차모형의 출발점처럼 그 모습이 외부요인에 의해서만

<그림 2-9> 비축차모형의 예

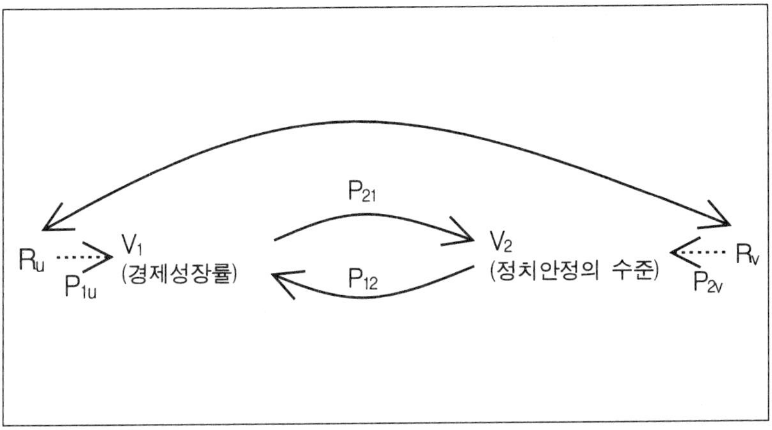

〈그림 2-9〉 모형은 경제성장률과 정치안정의 수준 사이에 나타나는 순환적 인과경로를 보여주고 있다. 즉, 일단 경제성장률(V_1)이 커지면 정치안정의 수준(V_2)이 높아지고, 이렇게 정치가 안정되면 경제가 더욱 성장한다($V_1 \rightarrow V_2$, $V_2 \rightarrow V_1$). 여기에서 경제성장률을 V_1으로 표기한 이유는 모형설계자가 이를 순환적 인과경로의 출발점으로 정했기 때문이다. 물론 이와 반대로 V_1을 정치안정의 수준으로 잡을 수도 있다. 왜냐하면 어떤 작동변인을 출발점으로 삼는가는 전적으로 모형설계자의 이론적 시각과 판단에 따라 결정되기 때문이다. 요컨대 비축차모형을 설계할 때에는 닭이 먼저인지 계란이 먼저인지를 정한다.

결정되는 외생변인이 전혀 없다.

나. 비축차모형의 교란항

비축차모형은 축차모형과 마찬가지로 교란항의 영향력을 인정한다. 그러나 비축차모형의 교란항들은 축차모형과 달리 서로 연관되어 있다($Cov[R_u\ R_v] \neq 0$).

다. 비축차모형의 수리적 표현: 구조방정식

앞의 〈그림 2-9〉 모형의 구조방정식은 아래의 〈식 2-3〉과 같다.

<식 2-3> 2변인형 비축차모형의 구조방정식

● 구조방정식-1: $V_1 = P_{12}V_2 + P_{1u}R_u$

● 구조방정식-2: $V_2 = P_{21}V_1 + P_{2v}R_v$

⇩

▻ $V_1 = P_{12}(P_{21}V_1 + P_{2v}R_v) + P_{1u}R_u$

▻ $V_2 = P_{21}(P_{12}V_2 + P_{1u}R_u) + P_{2v}R_v$

위 구조방정식-1과 2를 보면 구조방정식-1의 설명변인 V_2는 구조방정식-2의 종속변인이며, 구조방정식-2의 설명변인 V_1은 구조방정식-1의 종속변인이다. 따라서 두 구조방정식의 오차항 R_u와 R_v는 상관관계를 가질 수밖에 없음을 알 수 있다($Cov[R_u\ R_v] \neq 0$).

5. 인과모형의 검증

축차모형과 비축차모형은 주로 회귀분석에 기반을 둔 **경로분석**path analysis을 통해 검증된다. 경로분석은 작동변인들 사이의 인과경로를 추적해 모형의 구조적 타당성을 판정하는데 사용되는 통계분석기법으로서, 설명변인 → 종속변인, 설명변인 → 설명변인, 교란항 → 설명변인, 그리고 교란항 → 종속변인 간에 인과적 영향력이 흐르는 '파이프(경로)'가 존재하는지, 그리고 그 굵기가 어느 정도인지를 파악하려는 목적을 갖고 있다. 파이프가 굵으면 굵을수록, 즉 변인 간의 상관관계correlation(R_{ij})가 크면 클수록 더욱 큰 인과적 영향력이 흘러들어간다고 본다. 이러한 경로분석은 ① 구조방정식 설정, ② 경로계수 측정 ③ 측정된 경로계수를 이용한 인과구조 해체와 그에 따른 모형의 적실성 진단 등 세 단계로 진행되며, 상세한 논리와 절차는 김웅진의 『인과모형의 설계: 사회과학적 접근(서울: 한국외국어대학교출판부, 2011)』에 소개되어 있다.

6. 인과모형의 한계

1) 불완전성 · 잠정적 폐쇄성 · 상대성

모형은 다운스A. Downs가 지적한 것처럼 "현실세계의 완벽한 재현"

이 아니다.[94] 어떤 현상의 인과적 생성경로에 관여하는 모든 변인을 남김없이 찾아내어 모형 속에 집어넣을 수 없기 때문이다. 따라서 모형설계자는 끝없이 퍼져나가는 인과관계의 사슬을 이론적 시각에 따라 끊음으로써 소수의 주요 변인critical variables만을 작동변인으로 선택한다. 결국 모형의 구축은 열린 모형을 잠정적으로 닫는 작업이라고 볼 수 있다. 애셔H. Asher에 따르면,

> …진정한 인과관계를 도출하기 위해서는 가설이 포함하고 있지 않은 모든 여타 설명변인을 제거해야 한다. 그런데 어떤 근거에 따라 '특정변인을 제거하는 결정'을 내릴 수 있는가? 모형이 상정하고 있는 인과관계에 영향을 미칠 수 있는 변인은 무수히 많기 때문에 어떤 통계분석방법이나 지표들도 옳은 결정을 내렸다고 뒷받침해주지 못한다. 그러나 일정 시점에 이르게 되면 모형을 **폐쇄**하여 주어진 변인들만을 갖고 인과관계를 추적해야 한다…[95]

물론 '모형 닫기' 작업이 누락된 변인들의 영향력을 무시하는 것은 결코 아니다. 일단 만들어진 모형이 설명과 예측에 실패한다면 새로운 변인을 모형에 더하거나 이미 포함된 변인을 빼어버림으로써 모형의 구조를 지속적으로 재조정하게 된다. 또 모형을 처음 만들 때 특정한 변인들만을 선택했다는 사실 자체가 이와 전혀 다른 변인들을 택

94_ Downs, A. 1957. *An Economic Theory of Democracy*. New York: Harper & Row, pp. 3, 21.

95_ Asher(1976), p. 12. [ ] 속의 말은 저자가 추가한 것임.

할 수도 있었다는 점을 시사해준다. 바꾸어 말해서, 작동변인의 선정에 관한 절대적·단정적 기준이 없기 때문에 모든 모형은 단지 상대적 적실성을 지닐 뿐이다. 같은 연구대상에 대해 서로 다른 변인들을 상정한 모형들이 공존한다면 논리적으로는 그 가운데 하나만이 맞는 것이라고 말할 수 있겠으나, 실제로는 모든 모형이 상황과 조건에 따라 나름대로의 설명력을 발휘한다.96

2) 인과경로의 개연성과 유동성

모형이 제시하고 있는 인과경로의 성격을 어떻게 받아들여야 하는가? 만약 작동변인들 간의 인과관계를 단정적인 것으로 본다면, 이는 ① 일정한 조건이 충족될 경우 설명변인이 항상 종속변인의 변이를 가져오고, ② 모형에 포함되지 않은 외부요인, 곧 교란항의 영향력이 완벽하게 제어되었고, ③ 설명변인의 변량을 임의로 조작할 때 종속변인의 변이양상은 늘 모형이 예측한대로 나타나게 된다는 가정을 받아들이게 되는 셈이다. 이처럼 단정적인 모형에 있어서는 **예측오차** prediction error가 발생할 수 없다.97

그러나 현실세계의 모습은 수많은 요인들, 결코 모두 찾아낼 수 없는 요인들의 상호작용에 따라 결정되기 때문에 완벽하게 닫힌 단정적 모형은 설명력과 예측력을 상실하게 마련이다. 이에 따라 과학적 연구는 종속변인의 변이양상을 예측함에 있어서 교란항의 영향력을 인

96_ Blalock(1964), p. 15.
97_ Blalock(1964), pp. 15-16.

정하여 어느 정도의 예측오차를 상정한다. 예로서 널리 사용되는 계량통계모형인 회귀모형regression model은 교란항, 곧 오차항을 상정한 회귀방정식을 세운다(아래 〈식 2-4〉 참조). 그리고 오차항의 영향력을 최대한 축소함으로써 설명변인들의 종속변인에 대한 인과적 영향력을 최대화하려 시도한다. 이처럼 모든 모형은 예측오차를 갖고 있기 때문에 잠정성과 개연성을 벗어나지 못한다.

<식 2-4> 회귀모형(회귀방정식)의 오차항

● $Y = a + b_1X_1 + b_2X_2 + b_3X_3 + e$

● e : 오차항(정체가 규명되지 않은 교란항들)

▷ e의 Y에 대한 영향력을 최소화

⇩

▷ 설명변인 X_1, X_2, X_3의 Y에 대한 영향력을 최대화

이와 아울러, 어떤 설명변인이 종속변인의 직접적 원인인가 또는 간접적 원인인가는 그 변인이 인과경로에서 차지하는 위치에 따라 상대적으로 결정된다. 다시 말해서, 인과네트워크를 어떻게 확장하느냐에 따라 같은 작동변인의 역할이 언제든 바뀔 수 있다. 즉, 애당초 직접경로만을 갖고 있던 V_1과 V_2 사이에 새로운 변인을 끼워 넣을 수 있고, 또 V_1에 앞서는 새로운 변인을 추가할 수도 있다. 이에 따라 각 작동변인이 수행하는 역할과 작동변인들 사이의 직접경로 또는 간접경로는 모형검증이 끝나 인과구조가 잠정적으로 닫힐 때 최종적으로 결정된다. 이처럼 모형 속의 인과경로는 항상 유동적이다.

● 주요 용어

경로분석
path analysis
인과모형의 구조적 타당성을 판정하기 위한 계량통계분석기법.

교란항
disturbance terms
모형에 포함된 작동변인들 사이의 인과경로에 영향을 주는 외부요인. 오차항으로 불리기도 함.

내생변인
endogenous variable
모형 속에서 여타 작동변인의 인과적 영향력을 받는 작동변인. 외생변인 참조.

모형
model
현실세계의 모습을 이론적으로 재구성한 분석기제로서, ① 연구대상의 핵심적 구성단위, 곧 작동변인들과 ② 작동변인들 사이의 인과경로를 보여줌.

▶ **인과모형**
causal model
어떤 현상의 인과적 생성경로를 체계적으로 보여주는 모형.

▶ **비축차모형**
nonrecursive model
순환경로를 갖고 있기 때문에 출발점과 종착점을 명확히 규정할 수 없으며, 모형 내의 모든 작동변인이 여타 작동변인과 교란항으로부터 동시에 영향을 받는 내생변인(부분적 내생변인)으로 이루어진 모형. 축차모형 참조.

▶ **축차모형**
recursive model
두 개 이상의 작동변인들이 한쪽 방향을 향해 순차적으로 연결된 모형으로서, 모형 속의 인과경로에 대한 교란항의 영향력을 인정한 열린 모형. 비축차모형 참조.

작동변인
operating variable
: 인과모형을 구성하고 있는 두 가지 종류의 변인, 즉 종속변인과 설명변인(독립변인, 매개변인).

시간적 순차
time order
: 원인(독립변인)은 반드시 결과(종속변인)에 시간적으로 선행해야 한다는 인과관계의 추론척도.

외생변인
exogenous variable
: 모형에 포함되지 않은 외부요인에 의해 그 모습이 결정되는 모형 내 작동변인. 내생변인 참조.

상호조응성
isomorphism
: 모형과 실제 현상의 일치성. 구조적 상호조응성과 기능적 상호조응성으로 나누어짐.

탈허위성
nonspuriousness
: 독립변인과 종속변인의 인과관계가 겉으로만 그렇게 보이는 것이 아니라 진정한 것이어야 한다는 인과관계의 추론척도.

항상적 연계
constant conjunction
: 어떤 현상(원인)의 변화가 다른 현상(결과)의 규칙적 변화를 지속적·안정적으로 수반할 때 그들 사이의 인과관계를 상정할 수 있다는 인과관계의 추론척도.

3장

과학적 개념

1. 개념과 개념화

제2장에서 논의한 것처럼 모형은 이론에 기반을 두고 있다. 즉, 모형을 설계할 때에는 이론의 구성개념을 경험적 지칭성을 가진 작동변인으로 바꾸고, 이론이 제시하고 있는 개념들 사이의 개략적 관계를 역시 경험적으로 뒷받침할 수 있는 인과경로로 표현한다. 따라서 개념을 명백히 구축하지 않고서는 결코 이론이나 모형을 제대로 만들 수 없다. 3장에서는 과학적 개념의 역할, 유형과 개념화 과정을 살펴보고, 더 나아가 개념이 지녀야 할 요건들로는 어떠한 것들이 있는지 소개하기로 한다.

1) 개념의 의미와 역할

과학적 개념scientific concept은 **어떤 부류의 현상이나 사물이 지닌 보편적 속성을 표현하는 추상적 용어**이다.98 즉, 개념은 개별적이며 구체적인 현상 P'가 아니라 그러한 현상이 속해 있는 부류 P가 특정한 측면에서 나타내는 양상을 지칭한다. 권력 엘리트power elite라는 개념을 예로 들어보자. 밀즈C. Mills는 권력 엘리트가 "보통 사람들이 처해 있는 일상적 환경을 초월할 수 있는 지위를 지녔기 때문에 매우 중요한 결과를 가져올 수 있는 결정을 내릴 수 있는 사람들"을 의미한다고 보고 있다.99 따라서 이 개념은 노다 요시히코野田佳彦 현 일본 총리나 버락 오바마Barack Obama 현 미국 대통령을 지칭한다기보다는, 이러한 정부수반들을 포함하여 권력집단에 속한 사람들의 특성을 정책결정과정에 있어서의 위상이라는 측면에서 일반적으로 표현해주는 용어인 것이다. 따라서 개념은 "어떤 용어가 지칭하는 공통적 의미의 구성체constructs"로100 정의된다. 그렇다면 개념은 과학연구에 있어서 어떤 역할을 수행하는가? 개념은 '빈 병empty bottle'으로서, 지칭대상이 나타내는 보편적 속성을 그 속에 담아 이론화 과정으로 전달하는 매체media의101 역할을 담당한다.

98_ Kaplan(1998), pp. 47–48 참조. 맥가우와 왓슨은 개념을 "개체나 현상(사건)을 일반적으로 지칭하는 서술적 용어descriptive terms"라고 규정한다. McGaw and Watson(1976), pp. 111–112.

99_ Mills, C. 1959. *The Power Elite*. New York: Oxford University Press, pp. 3–4. 오명호. 1992. 『현대정치학이론』. 서울: 박영사, 338쪽에 나온 번역을 정리하여 옮긴 것임.

100_ "Concepts are constructs; they represent the agreed-upon meanings we assign to terms." Babbie(2004), p. 146.

101_ 사토리G. Sartori는 이러한 측면에서 개념은 적절한 "분류적 내포성taxonomical

이제 개념을 빈 병으로 간주하여 그 과학적 역할을 살펴보기로 하자. 모든 병에는 속에 들어갈 액체의 명칭(맥주 · 소주 등)과 성분(알코올 · 물 · 당분 등)을 밝힌 표식label이 붙어 있다. 우리는 이러한 병을 들고 연구현장으로 들어가 표식에 적혀 있는 성분만을 골라 그 속에 채워 넣은 후, 담긴 액체를 일정한 명칭으로 부르게 된다. 물론 그 병에는 액체가 가득 담길 수도 있고 아주 적은 양만 담길 수도 있다. 즉, 병 속에 담길 액체의 양은 상황에 따라 변하게 된다. 이처럼 변화하는 액체의 양을 일컬어 변량變量이라 부르며, 이론을 구성하고 있는 개념들은 변량을 전달하는 그릇의 역할을 한다는 측면에서 '변인'(독립변인 · 종속변인 · 개입변인 등)이라는 이름을 갖게 된다.

다시 '경제성장'이라는 빈 병을 예로 들어보자. 빈 병에 부착된 표식에 '경제성장'이라는 명칭이 쓰여 있기 때문에 병에 들어갈 액체는 '경제성장'이라 불리게 된다. 또 이 표식에는 앞서 말한 바와 같이 '국민경제생활의 향상', '경제체계의 산출량 증대', '교역량 증대'와 같은 성분이 밝혀져 있다. 연구자는 이 병을 들고 일본과 한국 두 나라로 가 표식에 쓰인 대로 성분을 추적하여 그 속에 담게 된다. 담아본 결과 중국에서는 병의 3/4 정도가 차고 한국에서는 절반 정도밖에 차지 않았다면, 우리는 두 나라에서 경제성장이라 불리는 개념(빈 병)에 담긴 액체의 양(변량)이 서로 다르다는 것을 알게 됨과 동시에, 더 많이 담긴 중국이 한국보다 더 경제적으로 성장했다는 사실을 파악할 수 있다. 이처럼 만들어진 경제성장이라는 개념은 한국과 일본이 지닌 특정한 경제적 속성, 곧 경제성장도의 상대적 혹은 절대적 수준을 측정할 수 있도록 해준다.

---

infolding"을 가진 "자료용기data container"의 역할을 수행해야 한다고 주장한다. Sartori(1970), p. 1039.

왜 개념이 이처럼 변량을 담을 수 있는 자료용기資料容器의 역할을 수행해야 하는가는 2장에서 다룬 인과관계의 추론척도, 특히 항상적 연계의 원리를 생각해보면 쉽게 알 수 있다. 즉, 이론은 어떤 현상들 사이의 인과관계에 관한 진술이며, 그러한 현상들은 이론 속에서 개념의 형태로 표현된다. 그런데 이와 같은 인과적 진술을 만들기 위해서는 이론의 구성단위인 개념들이 각기 독립변인이나 종속변인의 위상을 갖고 공변해야 한다. 그렇다면 개념(변인)의 무엇이 변해야 하는가? 변인이 지칭하는 속성 자체가 변할 수는 없고, 그러한 속성의 존재심도(변량)가 연구사례에 따라 변해야 한다.

2) 개념화의 단계

개념을 만들기 위해서는 빈 병을 마련하고 그 위에 부착할 표식을 만들어야 하는데, 이를 개념화conceptualization라 부른다. 즉, 개념화는 ① 지칭대상에 **명칭**을 붙이고, ② 지칭대상이 지닌 **보편적 속성의 범주**를 만든 후, ③ 각 범주에 속하는 **속성의 양**을 정확히 측정할 수 있도록 조작하는 과정이라고 할 수 있다. 이러한 개념화는 두 단계의 정의definition를 통해 이루어진다. 카플란에 따르면, 정의란 "어떤 용어가 적용될 수 있는 필요충분조건의 규정"으로서, 그러한 용어가 지칭하는 속성의 이론적·경험적 범주가 맞물린 의미의 장場을 규정하는 작업을 의미한다.[102] 또한 정의는 또한 "용어들을 지칭대상에 부여하는

102_ Kaplan(1998), pp. 73-76 참조. 즉, 정의란 우선 어떤 용어가 지칭하는 속성의 인자들을 횡적으로 나열하여 개념구조conceptual structure/framework를 만든 후(**횡적 지칭**horizontal indication), 다시 각각의 인자들을 경험적으로 재구

규칙rule,"[103] "특정한 용어가 전달하는 의미의 충실한 서술"로 간주되기도 한다.[104]

(1) 이론적 정의

이론적 정의theoretical definitions는[105] 개념화의 출발점으로서, 어떤 개념의 외연外延, 곧 적용범주를 분명히 밝히는 작업이다. 즉, 이론적 정의는 추상적 용어를 다른 추상적 용어들을 사용해 재구성하며,[106] 그러한 용어가 지칭하는 속성의 가장 일반적인 범주를 이론적으로 규정하는 데 목적을 둔다.

본질적으로 다면적인 정치현상을 개념화하려면 우선 이론적 정의를 통해 이처럼 다양한 측면들 가운데에서 가장 핵심적인 것들만을 선별해야 한다.[107] 예컨대 '정치불안정'은 정치세력 간의 심각한 갈등에 따른 국가관리능력의 약화, 정치체제나 정부의 급격하고도 빈번한 변동, 정권의 정통성 상실로 인한 탈제도적·폭력적 정치참여행위의 광범위한 확산 등 다양한 면모를 갖고 있다. 따라서 정치불안정에 대

성함으로써 속성공간attribute space을 규정하는(종적 지칭vertical indication) 작업이다.

103_ McGaw and Watson(1976), p. 115.

104_ Mayntz, Holm, and Huebner(1976), p. 13.

105_ 혹은 개념정의conceptual definitions.

106_ McGaw and Watson(1976), pp. 124–125; Nachmias and Nachmias (1996), pp. 29–30 참조.

107_ 이러한 맥락에서 이론적 정의를 특정한 사물의 본질을 모호하게 진술하는 실재적 정의real definitions와 대비시켜 명목정의nominal definitions라 부르기도 한다. Kaplan(1998), p. 102.

한 이론적 정의를 내리려면 이 가운데 어떤 측면에 주목할 것인가를 결정해야 한다. '경제발전'도 마찬가지이다. 이 용어 역시 쓰는 사람에 따라 제각기 다른 현상을 뜻할 수 있기 때문에 이론적 정의를 통해 경제발전이 '국민경제생활 수준의 향상'과 '경제체계의 산출량 증대'라는 두 가지 측면을 지칭한다고 선언함으로써 연구대상에 접근해 들어가는 기본적 맥락을 얻게 된다.

이처럼 이론적 정의는 연구자에 따라 얼마든지 달라질 수 있지만, 연구대상을 바라보는 시각을 명백히 한다는 차원에서 결코 빼놓을 수 없는 개념화의 첫 단계가 된다. 그러나 이론적 정의의 내용은 지극히 추상적이기 때문에 선택된 속성의 범주가 현실세계의 어떠한 면모와 정확히 부합하는지를 명확히 밝혀주지 못한다. 바꾸어 말해서, 이론적 정의를 통해 얻은 속성의 범주만을 가지고서는 경험적 관측과 측정이 불가능하다. 즉, 이론적 정의는 개략적인 **관측전략**을 제공할 뿐이며, 구체적인 측정지표measurement indicators를 제시해주지는 않는다.[108]

한편 과학연구에 있어서 어떤 정의의 옳고 그름을 따질 수는 없다. 왜냐하면 정의란 "정의한 사람이 말한 바로 그것the definition is what the definer says it is"일 따름이기 때문이다.[109] 정의의 내용은 위에서 논의한 것처럼 연구자가 지칭대상을 바라보는 이론적 시각에 따라 얼마든지 달라질 수 있다. 결국 어떤 개념이 제대로 정의되었느냐를 판정하는 기준은 전달하려는 **의미의 명확성** 여부이다. 개념을 이처럼 명확한 의미의 전달매체로 만들기 위해서는 아래 네 가지 원칙을 따라야 한다.[110]

108_ Babbie(1986b), p. 102.
109_ Nachmias and Nachmias(1996), p. 30.
110_ Nachmias and Nachmias(1996), p. 30.

① 정의는 대상의 고유속성을 명백히 지칭해야 한다. 이를 위해서는 정의를 통해 규정되는 속성의 범주들이 충분히 포괄적inclusive인 동시에 상호배타적mutually exclusive이어야 한다. 즉, 이러한 범주들은 중첩적이거나 주요한 속성들을 빠뜨린 것이어서는 안 된다.

② 정의는 순환적이어서는 안 된다. 예로서 권력을 '권력자가 가진 힘' 등으로 정의해서는 안 된다.

③ 부정형 정의를 피해야 한다. 즉, 정의는 지칭대상이 갖고 있지 않은 속성을 제시하는 우회적 방식으로 이루어져서는 안 된다. '…은 …이 아니다'라는 정의는 바람직하지 못하다.

④ 정의를 내릴 때에는 누구에게나 의미가 명확한 객관적(상호주관적) 용어를 사용해야 한다. '아름다운', '생생한'처럼 사람에 따라 제각기 해석될 수 있는 모호한 용어는 피해야 한다.

(2) 조작정의

이론적 정의는 지칭대상의 속성이 갖고 있는 범주를 추상적으로 규정해줄 뿐이기 때문에 현실세계 속에서 그러한 속성들이 어떻게 표출되는지를 파악하기 위한 길잡이가 되지 못한다. 따라서 이론적 정의를 통해 얻은 속성의 범주와 현실세계를 연결시키기 위한 **조작정의**operational definition가 뒤따라야 한다. 조작정의는 이론적 시각과 경험적 세계를 반드시 연결시켜야 한다는 **교량橋梁의 원리**bridge principles에 따

라[111] **추상적 개념을 측정지표들로 재구성**하는 작업을 지칭한다.[112]

교량의 원리는 이론의 검증가능성과 연관된다. 즉, 이론이 성공적으로 도출될 수 있느냐의 여부는 전적으로 가설의 검증가능성에 달려 있다. 그런데 가설의 검증가능성이란 가설이 제시하고 있는 변인들(개념들) 간의 관계에 대한 진술이 현실세계의 모습과 일치하는 것인지를 경험적으로 판단할 수 있는 가능성을 의미한다. 따라서 이론적 정의를 통해 확보한 추상적 **구성개념**construct만으로 이루어진 이론가설theoretical hypothesis은 조작정의를 통해 얻은 측정지표들로 재구성된 작업가설working hypothesis로 전환될 때 비로소 검증될 수 있다. 머튼R. Merton에 따르면,

> …[과학적] 연구의 요건 가운데 하나는 개념과 변인이 [경험적] 분석이 진행될 수 있도록 명료하게 정의되어야 한다는 것이다…사용개념의 명료화는 상정된 변인들의 지표들을 구축하는 작업을 통해 이루어진다…상식적 수준에서는 명료화나 개념화 작업을 거치지 않고서도 사기士氣라든가 사회적 응집력social cohesion 따위의 용어들을 쉽게 쓸 수 있지만, 만약 어떤 연구자가 낮고 높은 사기 또는 사회적 통합이나 분열에 관해 체계적으로 분석하려 한다면 이러한 개념들을 명료하게 정립해야만 한다…[즉] 관측가능하고 정확하며 정교한 지표들을 고안해내야 한다. 이와 같이 [경험적] 연구가 진행될 수 있도록 개념을 명료하게 재정의하는 작업은 '조작정의'의 원리로서 발전되어

111_ Nachmias and Nachmias(1996), pp. 30-31; McGaw and Watson (1976), pp. 122-124 참조.

112_ 교량의 원리에 관해서는 Kaplan(1998), pp. 39-42 참조.

왔다…113

그렇다면 어떤 개념이 지칭하는 추상적 속성을 어떻게 경험적으로 재구성할 수 있는가? 경험적 인식의 매체에는 여러 가지가 있으나, 그 중에서 가장 보편적으로 사용되고 또 타당성을 널리 인정받고 있는 매체는 수數라고 말할 수 있다. 따라서 측정지표는 주로 **계량지표** quantitative indicator의 형태를 갖는다. 즉, 조작정의는 개념이 지칭하고 있는 추상적 속성을 "경험적으로 관측하고 측정하는 방식과 절차operations를 구체화"함으로써 이론적 구성개념과 실제 현상 사이에 다리를 놓는 개념화 과정의 최종단계라고 볼 수 있다.114 예를 들어 '정치불안정'이라는 개념은 일단 이론적 정의를 통해 '정치체제의 구조적 불안정'과 '정치체제의 정당성에 대한 도전의 확산' 등 두 가지 속성을 갖는다고 규정될 수 있다. 그리고 이러한 두 가지 맥락에서 나타나는 속성은 다시 조작정의를 통해 '정부의 지속성과 내구성 약화', '정치세력의 제도적 균열', '폭력적 체제전복시도', '정치체제에 대한 대중항거' 등의 변인으로 나누어진 다음, 최종적으로 '내각생존율', '의회분절도', '쿠데타 발생 여부', '대중시위의 지속일수' 등 다양한 계량지표들로 재구성된다.

물론 조작정의는 문제점을 안고 있다. 정치현상의 모든 측면을 계량화할 수는 없기 때문이다. 따라서 지칭대상의 속성을 계량지표만으로 재구성한 조작정의는 실제 현상을 방법론적으로 축소시킬 위험성

113_ Merton, R. 1968. *Social Theory and Social Structure*. Toronto: Collier-Macmillan, p. 169. [ ] 속의 말은 읽는 이의 이해를 돕기 위해 저자가 추가한 것임.

114_ McGaw and Watson(1976), p. 125.

이 크다.

<표 3-1> 개념화의 사례 — 정치불안정

이론적 정의		조작정의
구성개념		측정지표(계량지표)
정치체제의 구조적 불안정	정부의 지속성과 내구성 약화	• 각료재임기간 평균점유율(CS) • 내각생존율(S)
	정치세력의 제도적 균열	• 정당체계분절도(Fe) • 의회 내 유효정당수 (Fp)
정치체제의 정당성에 대한 도전의 확산	폭력적 체제전복 시도	• 쿠데타 발생 여부(횟수) • 혁명 발생 여부(횟수)
	체제에 대한 대중항거	• 대중시위 지속일수 • 대중시위 참가자수

* CS: 대통령이 최초로 구성한 내각의 각료수/최초의 각료수+교체된 각료수(대통령제의 경우)
* S: 내각의 재임월수/내각이 재임할 수 있는 최대가능월수(의회제의 경우)
* $Fe=1-(\Sigma T_i^2)$, Ti=선거에서 각 정당의 득표율
* $Fp=1-(\Sigma S_i^2)$, Si=의회 내 각 정당의 의석분점률

즉, 이론적 정의를 통해 몇 개의 맥락으로 제한된 지칭대상의 속성

이 조작정의를 거치는 동안 더욱 축소되어 계량지표들은 지칭대상의 극히 일부분만을 그려내고 있을 가능성이 있다. 더구나 어떤 개념이 전달하려는 모든 속성을 억지로 계량화한다면 지칭대상의 모습은 필연적으로 왜곡된다.

그럼에도 불구하고 교량의 원리가 사회과학연구에 널리 수용되는 이유는 앞서 말한 것처럼 가설을 경험적으로 검증함에 있어서 추상적 구성개념을 그대로 사용할 수 없기 때문이다. 바로 그렇기 때문에 이처럼 제한적인 지표들로 구성된 이론들은 불완전한 지식imperfect knowledge을 제공할 뿐이다.

2. 개념의 유형

개념의 유형은 과학연구에 있어서 대단히 중요한 의미를 지닌다. 왜냐하면 어떤 유형의 개념들을 사용하느냐에 따라 그들로 이루어진 가설을 검증하고 또 검증결과를 해석하는 방식이 달라지기 때문이다. 즉, 개념의 유형은 검증될 가설의 성격을 규정하고, 역으로 가설의 성격에 따라 적절한 유형의 개념이 선택된다. 개념의 유형을 분류하는 기준은 매우 다양하지만 여기에서는 ① 추상성(혹은 실증성)의 수준과, ② 속성을 측정하는 방식이라는 두 가지 기준에 따라 각 유형을 살펴보기로 한다.

1) 추상성과 실증성의 수준에 따른 유형

이는 개념이 어느 정도의 추상성과 실증성(경험적 지칭성), 혹은 외연성denotation과 내포성connotation을 갖느냐에 따른 분류유형이다. 두 단계의 정의과정을 거치는 동안 개념이 본래 지녔던 이론적 추상성은 점차 경험적 지칭성으로 전환된다. 즉, 개념화의 과정은 고도의 이론적 추상성을 출발점으로 하고 고도의 실증성과 실측성을 종착점으로 삼는 연장선theoretical-empirical continuum을 타고 전개된다.[115] 이와 관한 논의는 이미 1절에서 이루어진 만큼, 여기에서는 각 정의에 따라 구축되는 개념의 명칭을 아래 〈표 3-2〉를 통해 제시하는 것에 그치기로 한다.

<표 3-2> 추상성의 수준에 따른 개념의 유형

정의	추상성	경험적 지칭성	명칭
이론적 정의	높음	낮음	구성개념 construct
조작정의	낮음	높음	측정지표 indicator

115_ Kaplan(1998), pp. 57-60.

2) 측정방식에 따른 유형

개념은 또한 지칭대상의 속성을 어떻게 측정하고 전달하는가에 따라 세 가지 유형으로 분류된다.116 따라서 이러한 유형은 추상적인 구성개념이라기보다는 조작정의를 통해 구축된 측정지표나 측정척도 measure의 유형이라고 볼 수 있다.

(1) 분류척도

분류척도classificatory measure는 지칭대상이 특정한 속성을 갖고 있는가 그렇지 않은가를 밝혀주는 척도이다. 즉, 분류척도는 **상호배타적인 속성구간**들을 지니고 있어서 지칭대상이 그러한 구간들 가운데 어디에 속하는가를 분류할 수 있게 해준다.117 정치학연구는 수많은 분류척도를 사용한다. 예로서 계급class은 경제적 생산수단의 소유여부에 따라 나뉘는 두 개의 구간을 갖고 있기 때문에 사회집단을 '자본가－노동자', '영주－농노' 등으로 구분하는 기준을 제공한다. 따라서 어떤 집단이 자본주의체제 내에서 생산수단을 소유하고 있다면 자본가 계급으로 분류되고, 그렇지 못할 경우에는 노동자 계급에 속하는 것으로 분류된다.

116_ Babbie(2004), pp. 134–138; Nachmias and Nachmias(1996), pp. 158–163; McGaw and Watson(1976), pp. 137–139. 이러한 분류유형을 측정수준levels of measurement에 따른 유형이라 부르기도 한다.

117_ 따라서 분류척도는 속성의 존재 여부, 혹은 '이것 아니면 저것either-or'만을 밝혀줄 따름이며 상대적 · 절대적인 속성심도에 관한 정보를 제공해주지 못한다.

분류척도의 또 다른 예로는 정당선호를 들 수 있다. 즉, 정당선호라는 개념을 '여당선호'와 '야당선호'라는 양분법적 구간dichotomy을 가진 분류척도로 만들었을 때, 설문조사방법을 통해 표본을 이루고 있는 응답자들의 선호를 추적하여 그들을 두 구간 가운데 하나에 집어넣게 된다. 이 외에도 성별(남－녀), 인종(흑－백), 종교(기독교－불교－무교) 등은 모두 분류척도에 해당된다. 이러한 분류척도를 **명목척도**nominal measure라 부르기도 한다.

(2) 비교척도

비교척도comparative measure 또는 **순위척도**ordinal measure는 지칭대상에 특정한 속성이 **상대적으로 어느 정도 존재하는지** 측정할 수 있도록 한다. 이러한 척도는 속성의 존재여부에 더해 상대심도relative magnitude에 관한 정보까지 제공해주기 때문에 전달정보의 내용이 분류척도에 비해 풍부하다고 말할 수 있다.

정치적 효능감political efficacy이나 정치적 신뢰도political trust와 같은 개인의 정치적 태도에 관한 개념들은 대부분 비교척도로 조작정의된다. 예로서 어떤 정치학자가 정치적 신뢰도에 관한 설문조사를 수행하기 위해 아래와 같은 문항questionnaire을 작성했다 하자.

비교척도의 예 1: 정치적 신뢰도

- 문항: 당신이 거주하는 지역구의 국회의원이 지역주민의 생활환경을 개선하기 위해 어느 정도 열심히 일하고 있다고 생각하십니까? 아래 ①, ②, ③ 가운데 하나를 골라주십시오.

- 응답: ① 많은 일을 하고 있다.
  ② 해야 할 최소한의 일만 하고 있다
  ③ 일을 거의 안 한다.

위와 같은 문항에 대해 갑이라는 응답자는 ①, 을은 ③이라 답했다면 갑이 을에 비해 지역구 활동의 측면에서 국회의원을 더 많이 신뢰하고 있다는 사실을 알 수 있다. 따라서 이 문항은 갑이 을에 비해 '상대적으로 더 큰' 정치적 신뢰도를 갖고 있다는 사실을 보여주기 때문에 명백한 비교척도의 역할을 수행한다. 그러나 비교척도는 속성의 절대심도absolute magnitude에 관한 정보를 제공해주지 못한다는 한계를 갖고 있다. 즉, 갑이 을보다 더 큰 정치적 신뢰도를 갖고 있다 해도 정확히 어느 정도 큰 신뢰도인지(두 배인지 세 배인지는) 전혀 파악할 수 없다.

비교척도의 예 2: 이념정향

- 문항: 부자들에게 지금보다 훨씬 더 많은 세금을 거두어 가난한 사람들을 위한 임대 아파트를 지어야 한다는 주장에 대해 어떻게 생각하십니까?

	반대	----------	찬성
• 응답:	①	②	③
• 응답자:	갑	을	병

또 다른 예로서 이념정향을 들 수 있다. 갑, 을, 병 세 사람에게 위와 같은 문항으로 조작정의된 보수－진보 연장선을 제시하고 자신이 이러한 연장선상 어디에 위치하는가를 물어본 결과 갑은 ①, 을은 ②, 그리고 병은 ③이라고 답했다 하자.

갑은 틀림없이 을이나 병보다 보수적 성격을 더 많이 가지고 있으며, 병은 갑이나 을에 비해 진보적 성격을 더 크게 나타내고 있다. 그리고 을은 보수와 진보의 가운데에 위치한다. 따라서 보수성의 맥락에서 보면 갑→을→병으로 순위order를 부여할 수 있고, 역으로 진보성의 측면에서는 병→을→갑이라고 말할 수 있다. 결국 갑은 세 사람의 응답자 가운데에서 상대적으로 가장 보수적이며, 병은 상대적으로 가장 진보적이 된다. 그렇기 때문에 이렇게 만들어진 조작지표를 순위척도라 부른다.

(3) 정량척도

정량척도quantitative measure는 명목척도와 비교척도의 성격을 모두 갖추고 있을 뿐 아니라, 지칭대상이 가진 속성의 절대량 혹은 **절대심도**라는 계량정보를 추가로 제공해준다. 즉, 정량척도를 사용하면 지칭대상에 특정한 속성이 존재하는가의 여부와 더불어 만약 존재한다면 정확히 어느 정도 존재하는가를 알 수 있다. 따라서 정량척도는 세 가지 척도 가운데에서 가장 풍부한 정보를 전달하기 때문에 이론화 과정에 있어서는 이러한 유형의 척도를 사용하는 것이 적어도 논리적으로는 가장 바람직하다.

'월급'을 예로 들어보자. 월급이라 이름 붙여진 이 빈 병에는 원화를 단위로 삼은 눈금이 표시되어 있다는 점이 바로 정량척도의 특징이다. 이 병에 갑과 을의 월급을 담아 보면 갑은 9,000만원, 그리고 을은 3,000만원이라는 계량정보를 얻을 수 있다. 이러한 정보를 통해 갑의 월급이 을의 월급보다 많다는 것뿐만 아니라 그 차이가 6,000만원이라는 사실도 알 수 있다는 것이 바로 정량척도의 강점이다. GNP나 GDP를 포함한 대부분의 경제학적 지표들은 정량척도의 성격을 갖고 있으며, 도시인구의 증대율로 본 도시화율, 인터넷이나 스마트폰 보급수와 같은 정보획득매체의 보급률, 문자해득률과 같은 사회인구학적 지표들 역시 정량척도들이다. 투표참여율로 본 정치참여 수준, 정당의 당원수로 측정한 정치조직의 사회침투 수준 등의 정치학적 개념들도 정량척도로서 조작정의된 것이다.

여기에서 반드시 유의해야 할 점은 앞서 말한 바와 같이 본질적으로 계량화할 수 없는 개념을 정량척도로 조작정의한다면 지칭대상의 모습이 심각하게 왜곡된다는 사실이다. 즉, 정보내용이 풍부하다고 해서 본래 분류척도나 비교척도의 수준을 넘을 수 없는 개념을 억지로 정량척도로 재구성해서는 안 된다. 지금까지 계량통계분석방법을 사용한 수많은 정치학 연구들이 설득력을 잃게 된 원인 가운데 하나는 조작정의의 이론적 편향성이라고 볼 수 있다. 그러나 그보다 더 큰 이유는 계량화할 수 없는 현상을 억지로 계량화함으로써 지칭대상의 모습을 방법론적으로 왜곡하고, 그럼으로써 이론의 설명력을 떨어뜨렸다는 데 놓여 있다. 따라서 전달정보의 풍부성이라는 기준만을 갖고 개념을 함부로 조작해서는 안 된다.

정량척도는 다시 절대영(0)absolute zero을 가진 **비율척도**ratio measure와 절대영이 없는 **등간척도**interval measure로 나누어진다. 온도는 대표적인 등간척도이다. 왜냐하면 0도는 온도가 없다는 뜻이 아니라 일정한 온도의 수준을 표시하는 것이기 때문이다. 그러나 교통사고 발생수와 같은 척도는 절대영이 있기 때문에, 즉 0건은 교통사고가 한 번도 일어나지 않았음을 뜻하기 때문에 비율척도에 해당된다. 그러나 등간척도와 비율척도의 차이는 0이라는 값을 해석하는 차이일 뿐이며 분석방법의 측면에 있어서는 다를 바가 없다.

3. 개념의 요건

1) 이론적 요건

(1) 체계적 함의

개념은 여러 개의 이론들을 체계적으로 연결하여 이론망을 구성하는 **매듭의 역할**을 수행할 수 있어야 하며, 이러한 요건을 **체계적 함의**systematic import[118] 또는 **이론적 함의**theoretical import라 부른다.[119] 헴펠에 따르면,

> …과학적 [지식의] 체계화는 과학적 개념에 의해 지칭되는 경험적 세계의 다양한 면모들을 법칙이나 이론에 따라 서로 연결시킴으로써 가능해진다. 따라서 개념은 법칙이나 이론적 원리라는 실로 짜인 그물망에 있어서 매듭knots의 역할을 수행한다… 어떤 매듭으로 모이거나 혹은 그로부터 뻗어나가는 실들이 많아지면 많아질수록 그러한 개념의 체계화 역할 또는 체계적 함의systematic import가 더욱 강해진다…[120]

118_ McGaw and Watson(1976), p. 128.
119_ Nachmias and Nachmias(1996), pp. 34-35.
120_ Hempel(1965), p. 94. [ ] 속의 말은 저자가 추가한 것임.

따라서 어떤 개념이 과학적 유용성을 확보하기 위해서는 ① 가능한 한 많은 다른 개념들과 이론적으로 연결됨으로써 여러 개의 이론을 만드는데 사용되고, ② 그처럼 다양한 이론들이 바로 이 개념을 공유하고 있다는 측면에서 서로 유기적으로 연계될 수 있어야 한다. 즉,

> …어떤 개념이 과학적 유용성을 얻으려면 연구대상으로 주어진 현상의 규칙성을 반영하는 일반법칙이나 이론적 원리를 구축하는 데 사용될 수 있어야 하며, 그럼으로써 설명과 예측, 보다 일반적으로는 과학적 이해의 기반을 제공해야 한다. 과학적 개념의 이러한 측면을 체계적 함의라 부르기로 한다…[121]

요컨대 개념은 이론 속에서 기대된 역할을 제대로 수행할 때 과학적 효용성을 갖게 되며, 그러한 역할 가운데 가장 중요한 것이 **호환성** 互換性의 확보를 통해 개념과 개념, 이론과 이론을 연결하여 포괄적인 이론망을 구축하는 역할이다(〈그림 3-1〉 참조).[122]

121_ Hempel(1965), p. 146.

122_ 브로드벡M. Brodbeck에 따르면 "어떤 개념을 사용하는 법칙이 많으면 많을수록 그 개념의 이론적 의미가 커진다. 왜냐하면 그렇게 되면 될수록 우리는 그 개념이 다른 개념과 어떻게 연결되어 있는지를 더 잘 알 수 있기 때문이다." Brodbeck(1968), p. 9.

<그림 3-1> 이론망의 구축과정에 있어서 개념의 역할

개별 이론	이론망
이론 1: a → ⓜ 이론 2: ⓑ → ⓜ 이론 3: ⓒ → ⓜ 이론 4: d → ⓒ 이론 5: e → ⓑ	a ↘ e → ⓑ → ⓜ ↗ d → ⓒ

* 공통적으로 사용된 개념: ⓑ, ⓒ, ⓜ

지금까지 정치학연구는 적어도 같은 명칭을 지닌 개념을 사용한 수많은 이론을 제시해 왔다. 그러나 개념의 호환성을 통해 확보되는 이론 간의 체계적 연계성을 찾기 어렵고, 단지 이론들의 산만한 병렬竝列 현상만이 나타나고 있다. 예로서 한국정치연구에 있어서 빈번히 사용되는 '위기crisis' 개념을 살펴보자. 위기는 1945년부터 1970년대 말엽까지 한국정치의 역동적 전개과정이 지속적으로 표출해온 특징적 양상으로 간주되고 있으며, 이에 따라 많은 정치학자들이 위기개념을 사용해 한국정치의 변동양상을 이해하려 시도해 왔다. 즉, 한국정치의 위기를 "집권당 내부의 끊임없는 권력투쟁과 내각의 약화"라는 권력구조의 위기로 본 경우라든가,123 "경제제일주의에 따른 정치적 억압에서 비롯된 상대적 박탈감의 증대가 정당성 위기의 단초"가 되었다는 주장,124 "정부권력의 비대화현상 및 사회의 모든 영역에 있어

123_ 이정복. 1986. "한국정치의 권력구조와 내각책임제." 현대사회연구소 편. 『한국정치발전의 현실과 과제』. 서울: 현대사회연구소, p. 123.

124_ 박광주. 1986. "집정관주의적 신중상주의 국가론." 한국정치학회 편. 『현대한국정치와 국가』. 서울: 법문사, p. 214.

서 국가의 간섭증대현상으로 인해 발전·정통성·성장·안보의 위기가 도래"했다는 견해[125] 등을 발견할 수 있다.

한편 한국정치학자들의 위기 인식을 추적한 설문조사에 따르면, 응답자들은 4·19 학생혁명을 위기로 간주한 근거를 '정치체계의 붕괴', '국가의 사회통제력 상실', '권력공백' 등 모두 19가지로 보고 있고, 5·16 군사쿠데타와 10월 유신의 경우는 각각 18가지, 그리고 1979년 박정희 대통령 시해사건은 12가지 등으로 서로 다른 근거를 제시하고 있다.[126] 이는 우리 학자들이 사용하는 위기의 정의가 그만큼 다양하다는 사실을 보여주는 것이며, 이처럼 서로 달리 정의된 개념을 사용한 이론들 사이에 상호연계성을 기대하기란 어렵다. 비단 한국정치연구뿐 아니라 구미의 정치학연구에 있어서도 역시 대부분의 사용개념이 체계적 함의를 잃고 있다. 따라서 비록 같은 명칭으로 불린다 해도 지칭하는 속성, 즉 이론적 정의와 조작정의의 내용이 서로 다르기 때문에 이들을 사용한 이론들이 서로 유기적으로 연결되지 못하고 있는 실정이다.

그렇다면 모든 정치학적(사회과학적) 개념들의 정의가 통일되어야 하는가? 다시 말해서 개념정의의 맥락과 내용에 대한 합의가 필요한가? 만약 사회과학적 개념들도 자연과학적 개념들과 같이 거의 완벽한 정의의 통일을 이룰 수 있다면 체계적 함의를 크게 늘일 수 있을 것이다. 그리고 다양한 이론들을 모아 정교한 이론망을 구축함으로써 거대한 지식의 탑을 쌓을 수 있을 것이다. 그러나 바로 여기에서 사

125_ 김영래. 1986. "한국이익집단에 대한 국가의 통제." 한국정치학회 편. 『현대한국정치와 국가』. 서울: 법문사, pp. 356-358.

126_ 김웅진. 1987. "한국정치연구에 있어서 위기개념의 적용맥락." 『제7회 한국정치학회·재북미한국정치학회 합동학술대회 논문집』. 서울: 한국정치학회, pp. 97-104 참조.

회과학자들은 난관에 부딪히게 된다. 즉, 개념의 체계적 함의를 높이기 위해 개념정의의 통일을 지향할 것인가 아니면 다면적인 사회현상의 본질을 고려해 개념정의를 완전히 개방할 것인가를 결정해야 한다.

이처럼 엄정한 과학철학의 분석규준과 연구자의 고유한 인식, 더 나아가 현실세계의 모습이 완벽하게 조응할 수 없기 때문에, 과학자들은 분석규준을 충실히 따를 때 가장 이상적인 과학적 이론을 도출할 수 있다는 사실을 알면서도 실제 연구과정에 있어서는 이들을 액면 그대로 적용하지 않게 된다. 개념이 체계적 함의를 확보해야 한다는 규준 역시 예외가 아니다. 결국 과학적 연구에 있어서 가장 바람직한 태도는 가능한 한 분석규준을 준수하되 그 결과로 얻은 지식을 맹신하지 않는 것이라고 할 수 있다. 어떤 개념을 받아들일 때에는 이론적 정의와 조작정의에 반영된 시각의 다양성을 인정하되, 또 한편으로 그들을 통일할 수 있는 합의의 가능성을 모색해야 한다.

(2) 경험적 함의

과학적 개념의 두 번째 요건은 **경험적 함의**empirical import를 가져야 한다는 것이다. 즉, "모든 개념은 실증지표로 조작정의 되어야 하며, 그럼으로써 지칭대상의 속성에 관한 명백한 분류척도를 갖추어야"한다.127 이와 같은 요건은 이미 여러 번 강조한 과학적 진술(이론, 가설이나 모형)의 검증가능성을 확보하기 위한 것이다. 과학적 진술의

127_ McGaw and Watson(1976), p. 128.

검증은 추상적 구성단위들이 구체적이자 경험적인 측정지표의 형태로 전환됨으로써 그러한 진술과 현실세계 간의 조응 여부를 명확히 판정할 수 있을 경우에 가능하다. 헴펠에 따르면,

> …만약 어떤 진술이나 일단의 진술들이 검증될 수 없다면…다시 말해서 검증가능성을 갖고 있지 않다면 그것들을 과학적 가설이나 이론으로 제시할 수 없다. 왜냐하면 그러한 진술의 내용과 합치 혹은 상치하는 경험적 증거들을 얻을 수 없기 때문이다. 이러한 경우, 즉 어떤 진술이 경험적 현상과 아무런 관련성을 맺지 않고 있을 때 경험적 함의가 없다고 말하기로 한다…**128**

경험적 함의는 또한 개념이 객관적 정보를 전달할 수 있도록 한다. 왜냐하면 어떤 개념이 조작정의를 통해 적절한 측정지표들로 재구성되었다 할 때, 그러한 지표들을 사용해 동일한 현상을 관측하는 사람이라면 누구나 같은 결과를 얻을 수 있기 때문이다. 요컨대 개념의 경험적 함의는 ① 가설이나 이론의 검증가능성을 보장해주며, 또한 ② 관측과 측정의 객관성을 확보해준다.**129**

128_ Hempel(1965), p. 30.

129_ 과학적 지식이나 진술 혹은 연구방법의 객관성에 관해서는 서론의 2절 '과학적 지식의 특성'을 다시 볼 것.

2) 측정요건

과학적 개념은 이론적 요건뿐 아니라 정확한 측정에 요구되는 조건 역시 충족시켜야 한다. 어떤 개념을 몇 개의 측정지표들로 조작정의 했다 하자. 이때 지표들이 과연 측정하려는 것을 제대로 측정해 줄 수 있는지 면밀히 점검해야 하며,[130] 또한 측정의 결과가 믿을 만한 것인지 확인해 보아야 한다.[131] 이러한 두 가지 요건, 곧 **측정타당성** measurement validity과 **신뢰성**reliability을 차례로 논의해 본다.

(1) 측정타당성

측정타당성은 위에서 말한 바와 같이 조작정의를 통해 얻은 측정지표들이 **측정하려는 속성을 정확히 측정할 수 있을 때** 확보된다. 지표들이 측정타당성을 잃게 되면 측정결과는 **정형적 오류**systematic error에 빠져 연구결과가 심각하게 왜곡된다.[132] 정형적 오류란 측정지표 자체가 잘못되었기 때문에 측정결과가 모두 일정한 형태로 뒤틀리는 오류를 지칭한다. 눈금이 고르지 못한 자로 키를 재면 측정결과가 실제보다 모두 확대되거나 축소되는 것과 같다.

외국인이 영미권 대학에 입학하기 위해 반드시 치러야 하는

130_ Babbie(2004), p. 143; Nachmias and Nachmias(1996), p. 163; McGaw and Watson(1976), p. 211.

131_ Babbie(2004), p. 141; Nachmias and Nachmias(1996), pp. 170-171; McGaw and Watson(1976), p. 216.

132_ McGaw and Watson(1976), p. 211.

TOEFL 시험을 예로 들어보자. 외국인 학생이 어떤 미국 대학 대학원 정치학과에 입학지원서를 보내면 입학위원회는 그 학생이 수업을 받기에 충분한 영어실력을 갖고 있는지 알기 위해 TOEFL 점수를 참조할 것이다. 다시 말해서, TOEFL 점수는 이 학생뿐 아니라 다른 모든 외국인 지원자들의 영어실력을 측정하는데 적합한 지표로 간주된다(영어실력이라는 개념이 TOEFL 점수로 조작정의됨). 따라서 TOEFL 점수가 높다면 위원회는 이 학생이 충분한 영어실력이 있다고 판단하여 입학을 허락할 가능성이 크다.

그런데 위원회에 속한 교수 몇 명이 TOEFL 점수의 측정타당성을 받아들일 수 없다고 주장한다 하자. 이들의 주장이 옳다면 지금까지 미국 대학들은 적어도 영어실력에 관한 한 외국인 학생들을 잘못 평가했다는 결론이 내려진다. 즉, 측정오류가 이 학생뿐 아니라 모든 외국인 지원자의 영어실력을 평가하는 과정에서 획일적으로 발생했다고 볼 수 있다. 이처럼 흔히 사용되는 지표라 할지라도 상황에 따라 심각한 정형적 오류를 가져올 수 있기 때문에 그 측정타당성이 항상 점검되어야 한다. 측정타당성은 아래와 같은 네 가지 유형으로 나누어진다.

가. 액면타당성

액면타당성face validity은 단순히 연구자의 주관에 따라 확보된 측정타당성을 지칭한다.[133] 만약 조작정의를 도와줄 수 있는 이론이나 개념정의가 없다면 연구자는 부득이 자신의 고유한 판단에 따라 지표의

133_ Babbie(2004), p. 144; McGaw and Watson(1976), p. 212.

측정타당성을 점검할 수밖에 없다. 따라서 예비연구, 즉 본격적인 연구에 앞서 개념이나 지표, 가설이나 모형을 미리 점검하기 위해 수행하는 소규모 연구에 사용되는 지표들의 타당성은 액면타당성의 성격을 벗어나지 못하는 경우가 대부분이다.

나. 내용타당성

내용타당성content validity은 지표들이 측정대상의 속성을 빠짐없이 측정할 수 있을 때 확보된다. 앞서 살펴본 것과 같이, 조작정의는 이론적 정의를 통해 규정된 연구대상의 속성을 모두 추적할 수 있는 지표들을 제공해야 한다. 즉, "개념이 지칭하고 있는 의미를 포괄하는 정도"**134**에 따라 측정지표들이 지닌 내용타당성의 수준이 결정된다.

어떤 대학 정치외교학과의 정치학연구방법론 강의시간에 담당교수가 기초사회통계를 강의하기에 앞서 수강생들의 수학실력을 측정하려 한다 하자. 만약 이 교수가 곱셈과 나눗셈 문제만을 각 10개씩 제시하고 학생들에게 풀도록 했다면 이 지표들은 내용타당성을 상실했다고 볼 수 있다. 왜냐하면 수학실력은 곱셈과 나눗셈 외에도 로그·확률·함수·미적분 등 여러 가지 측면에서 측정되어야 하기 때문이다. 따라서 이러한 지표들만을 갖고 수학실력을 측정한다면 곱셈과 나눗셈만 잘하고 함수나 로그에 대해서는 전혀 모르는 학생도 수학을 잘하는 학생으로 간주되는 오류가 발생한다. 요컨대 모든 지표는 지칭하는 속성의 모집단(위의 예에서 수학의 모든 영역에 있어서의 실력의 집합)을 갖고 있다. 내용타당성은 모집단을 구성하고 있는 속성

134_ Babbie(2004), p. 145.

들을 가능한 한 빠짐없이 측정할 수 있는 지표들을 만들 때 확보되며, 그러한 측면에서 **표집타당성**sampling validity이라 불리기도 한다.

다. 예측타당성

어떤 속성을 정확하게 예측할 수 있는 지표는 **예측타당성**predictive validity, 혹은 **기준타당성**criterion-related validity을 갖게 된다.[135] 즉, 예측타당성은 측정 값과 실제 값 사이에 어느 정도 강한 상관관계가 나타나는가에 따라 그 수준이 결정된다.[136]

다시 TOEFL을 예로 들어보자. 미국 대학의 입장에서 외국인 입학 지원자의 영어실력을 파악하는 가장 확실한 방법은 직접 대면해서 영어로 듣기, 말하기와 글쓰기를 잘 하는지 확인해 보는 것이다. 그러나 모든 지원자들에게 미국으로 와 인터뷰에 응하라고 요구할 수는 없다. 따라서 이들을 면담하지 않고서도 영어실력의 수준을 예측할 수 있는 지표가 필요하며, 바로 그것이 TOEFL 점수이다. 즉, 영어실력을 정확히 예측할 수 있는 기준이 된다는 가정에 따라 입학지원서를 검토할 때 TOEFL 점수를 참조한다.

그런데 어떤 학생이 TOEFL의 IBT(Internet-based TOEFL)에서 120점 만점에 100점이라는 높은 점수를 받았지만 입학 후 치른 영어시험에서는 100점 만점에 30점을 얻었다면 TOEFL 점수의 예측타당성을 의심할 수밖에 없다. 이러한 의심을 풀기 위해 모든 외국인 입학생의

135_ McGaw and Watson(1976), p. 212.

136_ 예측지표-예측결과 사이의 상관관계는 주로 회귀분석을 통해 측정되며, 측정된 상관관계의 심도를 타당성 계수validity coefficient라 칭한다. Nachmias and Nachmias(1996), p. 167.

TOEFL 점수와 영어시험 점수 사이의 상관관계를 측정해 본 결과 아주 낮게 나왔다면(예로서 R=0.1) 이들 사이에는 거의 아무런 관계가 없고, 따라서 TOEFL 점수는 예측타당성이 없다고 판정해야 한다.[137]

정치학연구에 있어서는 연구대상에 대한 접근이 불가능한 경우가 많다. 예로서 북한이 우리와의 정치군사적 관계를 앞으로 어떻게 유지해 나갈 것인지 파악하기 위해 김정은을 직접 만나 물어볼 수는 없다. 따라서 북한의 태도를 간접적으로 예측할 수 있는 지표가 필요한데, 김정은의 공식발언에 포함된 '핵무기를 절대 포기하지 않겠다.'는 말을 지표로 삼아 그 빈도를 측정했다 하자. 측정 결과 지난 몇 주 동안 빈도가 엄청나게 늘어났다면 북한이 앞으로 강경한 입장을 유지하리라 예측할 수 있다. 그러나 실제로는 북한이 우리 정부와 비밀리에 접촉해 6자 회담을 신속히 재개하려 시도했다는 사실이 밝혀진다면 이 지표는 예측타당성을 완전히 상실한다.

라. 구성타당성

구성타당성construct validity은 측정지표가 다른 지표와 연결되는 양상이 이론적 기대와 상응하는 정도를 지칭한다.[138] 바비의 말을 인용하면,

---

137_ 회귀분석을 통해 측정되는 R(상관계수)은 변인(지표)들 간에 어느 정도의 선형적 상관관계linear relationship가 존재하는가를 보여준다. 즉 0에 가까울수록 상관관계가 적고, ±1에 근접할수록 강한 상관관계가 있다고 해석한다.

138_ Carmines, E. and Zeller, R. 1979. *Reliability and Validity Assessment, Quantitative Applications in the Social Sciences* 17. Newbury Park, CA: Sage, p. 23.

> …당신이 결혼만족도marital satisfaction의 원인과 결과에 관해 연구하려 한다 하자. 연구과정의 한 단계로서 결혼만족도를 측정할 수 있는 지표들을 만들고, 과연 그러한 지표들이 타당성을 가지는지 점검해 보고 싶을 것이다…또한…이들이 다른 지표들과 특정한 관계를 맺으며 '움직인다behaves'는 이론적 기대를 하게 될 것이다. 아주 시시한 예를 하나 들어보면, [결혼생활을] 만족스럽게 생각하는 남편은 불만에 찬 남편보다 아내를 때릴 가능성이 적다는 가설을 만들 수 있다. 만약 당신이 만든 결혼만족도 지표가 이러한 양상으로 아내구타wife-beating와 연결된다면 당연히 구성타당성을 갖는다. 그러나 '만족한' 남편이나 '불만에 찬' 남편이나 모두 아내를 때린다면 당신의 지표는 타당성을 잃을 가능성이 높다…139

또 다른 예를 들어보자. 어떤 정치학자가 대학생들의 정치참여도가 부모의 경제력에 의해 결정된다는 가설(이론적 기대)을 세운 후, 독립변인인 부모의 경제력을 월수입으로, 종속변인인 정치참여도를 참가한 대중시위의 수로 측정했다. 그런데 가설을 검증해 본 결과 부모의 월수입이 2,000만원인 학생이나 200만원인 학생이나 단 한 번도 시위에 참여하지 않았다는 사실이 밝혀진다면 월수입이라는 지표는 이론적 기대, 곧 독립변인의 역할을 수행하리라는 기대를 충족시키지 못했기 때문에 구성타당성을 상실한다. 이처럼 구성타당성은 어떤 지표가 다른 지표와의 관계에 있어서 나타내는 이론적 적실성으로서,

---

139_ Babbie(1986b), p. 113. [ ] 속의 말은 저자가 추가한 것임.

가설이 검증된 이후에야 판정될 수 있다는 측면에서 앞서 다룬 세 가지 측정타당성과 성격을 달리 한다. 이에 따라 실제 연구과정에 있어서는 측정지표의 구성타당성을 확인하기 위해 시험적 표본을 대상으로 가설을 미리 검증해 보는 경우가 많다.

(2) 신뢰성

신뢰성은 어떤 지표를 사용한 측정의 결과와 관련된 요건이다. 만약 같은 속성을 여러 번 측정했을 때 늘 동일한, 혹은 아주 비슷한 값을 얻는다면 측정결과가 신뢰성을 갖는다고 볼 수 있다. 바비가 제시한 예를 소개하면,

> …내가 당신에게 내 몸무게를 한 번 맞춰보라 했더니 꼼꼼하게 뜯어본 후 165파운드(74.25Kg)라고 추측했다(얼마나 고마운 일인가!). 다시 30~40명 정도 되는 다른 사람들의 몸무게를 추측해보라고 했다 하자. 그리고 당신이 그 일을 하느라 정신이 없는 사이에 나는 변장을 하고 그 사람들이 늘어서 있는 줄의 맨 끝에 살짝 끼어들었다. 내 차례가 오자 이번에는 180파운드라고 추측했다. 당신은 걸려든 것이다!…만약 내가 당신에게 목욕탕 저울을 빌려주었다면 내가 아무리 변장을 했다 해도 두 번 다 내 몸무게를 똑같이 측정할 것이다. 따라서 저울은 몸무게를 측정하는 데 있어서 보다 신뢰성이 큰 척도가 된다…**140**

140_ Babbie(1986b), p. 109.

이러한 신뢰성은 **안정성**stability과 **내적 일관성**internal consistency이라는 두 가지 측면을 갖고 있다. 우선 안정성은 측정결과가 측정하는 사람이나 측정시점에 따라 일관성을 갖는 정도, 즉 **변이오차**variable error의 크기로 판정된다.[141] 변이오차란 ① 같은 연구자가 동일한 지표를 사용해 주어진 대상을 두 번 이상 측정했을 때 나타나는 결과의 차이, ② 서로 다른 연구자들이 같은 대상을 동일한 지표를 통해 측정했을 때 나타나는 결과의 차이 등 두 가지 모두를 지칭한다. 따라서 변이오차가 적을수록 안정성이 커진다고 말할 수 있다.

안정성의 수준은 실험-재실험 절차test-retest procedure를 통해 파악할 수 있다. 실험-재실험 절차로는 주로 측정 값들 사이의 상관관계를 분석하는 방법을 택한다. 즉, 동일한 연구대상을 여러 번 측정해 얻은 측정 값들의 상관관계가 상당히 크다면 지표가 안정성이라는 측면에서 비교적 큰 신뢰성을 갖고 있다고 본다.[142] 물론 측정 값 X_i와 X_j 사이에 완벽한 상관관계($R_{ij}=1$)가 나타나리라 기대할 수는 없다. 왜냐하면 아무리 정교하게 만들어진 척도를 사용한다 하더라도 실제 측정 과정에서는 여러 가지 이유로 인해 미세한 오차가 나타나기 때문이다. 플라스틱으로 만든 30cm 자를 이용해서 여러 사람이 책상 한 변의 길이를 번갈아 잰다 할 때, 측정자들의 키 혹은 시력에 따라 측정 자세가 조금씩 변하기 때문에 아무리 조심한다 해도 측정결과의 차이가 나타난다.[143]

141_ Nachimas and Nachimas(1987), p. 170.

142_ 이외에도 Split-Halves Method, Internal Consistency Method 등 다양한 측면에서 안정성을 점검하는 방법들이 있다. Carmines and Zeller (1979), pp. 37-51 참조.

143_ 맥가우와 왓슨은 이와 같은 측면에서 어떤 측정지표나 측정작업이 '관측자

내적 일관성의 예

> [문 1] 당신은 빈부격차를 줄이기 위해 정부가 사기업의 임금책정과정에 적극 개입하는 데 찬성하십니까?
>
> ① 찬성 ② 중립 ③ 반대
>
> [문 2] 당신은 가난한 사람들의 기본적 생활보장을 위한 사회복지 재원을 마련하기 위해 부자들에게 세금을 무겁게 물려야 한다는 주장에 찬성하십니까?
>
> ① 찬성 ② 중립 ③ 반대

한편 내적 일관성은 같은 속성을 대안적 지표들을 사용해 측정했을 때 그 결과가 서로 합치하는 정도이다. 대안적 지표는 같은 속성을 재기 위한 만들어진 서로 다른 자를 지칭한다. 예로서 진보－보수 척도에 따른 대학생들의 이념정향을 측정하기 위해 아래와 같은 두 개의 대안적 지표(설문조사 문항)을 사용했다고 하자.

만약 문-1과 문-2에 대해 대부분의 응답자들이 ①-①, ③-③으로 응답했다면 측정결과의 내적 일관성이 확보된다. 그러나 ①-③, ③-

---

신뢰성observer reliability'을 확보해야 한다고 주장한다. 관측자 신뢰성은 다시 ① 서로 다른 연구자가 동일한 절차와 지표에 따라 같은 대상을 측정하였을 때 일관된 결과를 얻게 되는 상호주관적 신뢰성intersubjective reliability, 그리고 ② 한 사람의 연구자가 같은 척도를 사용하여 동일한 대상을 여러 번 측정하였을 때 늘 획일적인 결과를 얻게 되는 내부주관적 신뢰성intra-subjective reliability으로 나누어진다. McGaw and Watson (1976), p. 217 참조.

①로 응답한 사람들이 많다면 이들은 이념정향을 측정하는 지표로서 신뢰성을 상실할 가능성이 높다.

여기에서 '가능성이 높다'고 말한 이유는 측정결과의 불안정성이 애당초 지표들이 측정타당성을 잃었기 때문에 나타난 것일 수 있기 때문이다. 바꾸어 말해서, 측정결과의 안정성 문제는 비단 신뢰성의 문제만이 아니라 측정타당성의 문제일 수도 있다. 이처럼 지표의 측정타당성과 측정결과의 신뢰성은 서로 연결된다. 따라서 조작정의를 내릴 때에는 측정하려는 속성들을 제대로 측정할 수 있는 지표를 구축하는 동시에, 그러한 지표들이 측정결과의 안정성과 내적 일관성을 보장해줄 수 있는지의 여부 역시 점검해야만 한다.

> …측정은 경험적 지칭성을 가진 지표들과…관측불가능한 개념들을 어떻게 연결할 것인가에 초점을 맞춘다. 이들을 제대로 연결하였다면 지표들을 분석함으로써 [지표들 뒤에] 감추어진 개념들 간의 연계구조를 제대로 추론할 수 있다…**144**

144_ Carmines and Zeller(1979), pp. 10-11.

주요 용어

개념 concept	어떤 부류의 현상이나 사물이 지닌 보편적 속성을 표현하는 추상적 용어.
개념화 conceptualization	① 지칭대상에 명칭을 부여하고, ② 지칭대상이 지닌 보편적 속성의 범주를 만든 후, ③ 각 범주에 속하는 속성의 양을 정확히 측정할 수 있도록 조작하는 작업. 이론적 정의와 조작정의 두 단계로 이루어짐.
경험적 함의 empirical import	과학적 개념은 실증지표로서 조작정의 되어야 하며, 그럼으로써 지칭대상의 속성에 관한 명백한 분류척도를 갖추어야 한다는 요건. 체계적 함의 참조.
교량의 원리 bridge principles	과학적 연구는 이론적 시각과 경험적 세계를 연결시켜야 한다는 원리.
신뢰성 reliability	지표를 사용하여 측정한 결과가 일관되거나 합치되는 정도.
▸ **내적 일관성** internal consistency	같은 속성을 대안적 지표들을 사용해 측정했을 때 결과가 합치되는 정도.
▸ **안정성** stability	측정결과가 측정하는 사람이나 측정시점에 상관없이 일관성을 갖는 정도, 즉 변이오차variable error의 수준.

체계적 함의
systematic import

과학적 개념은 그것을 공유한 이론들을 체계적으로 연결하는 '매듭의 역할'을 수행해야 한다는 요건. 이론적 함의theoretical import로 불리기도 함. 경험적 함의 참조.

분류척도
classificatory measure

지칭대상이 특정한 속성을 갖고 있는가의 여부를 밝혀주는 척도. 상호배타적 속성구간들을 가지고 있어 지칭대상이 그러한 구간들 가운데 어디에 속하는가를 분류할 수 있도록 함. 명목척도nominal measure라 불리기도 함.

비교척도
comparative measure

지칭대상에 특정한 속성이 상대적으로 어느 정도 존재하는가를 밝혀주는 척도. 순위척도ordinal measure라 불리기도 함.

정량척도
quantitative measure

지칭대상이 지닌 속성의 절대량 혹은 절대심도에 관한 수량적 정보를 제공해주는 척도. 절대 0을 가진 비율척도ratio measure와 갖고 있지 않은 등간척도interval measure로 나누어짐.

측정타당성
measurement validity

측정지표가 측정하려는 속성을 정확히 측정해주는 정도.

▸ **구성타당성**
construct validity

측정지표가 다른 지표와 연결되는 양상이 이론적 기대와 상응하는 정도.

▶ **내용타당성** content validity
지표가 측정대상의 속성을 포괄적으로 측정할 수 있는 정도. 표집타당성sampling validity으로 불리기도 함.

▶ **액면타당성** face validity
단순히 연구자의 주관에 따라 확보된 측정타당성.

▶ **예측타당성** predictive validity
기준타당성criterion-related validity이라 칭해지기도 하며, 지표가 어떤 속성을 정확하게 예측해주는 정도.

이론적 정의 theoretical definition
추상적 용어를 다른 추상적 용어들로 재구성하는 작업. 용어가 지칭하는 속성의 가장 일반적인 범주를 이론적으로 규정하는 데 목적을 둠.

조작정의 operational definition
추상적 개념을 실증지표들로 재구성하는 작업. 이론적 정의를 통해 얻은 속성의 범주와 현실세계를 연결시키려는 목적을 갖고 있음.

▌4장▐

연구설계

1. 연구설계와 연구의 단계

아무리 좋은 목적을 가졌다 해도 연구의 절차와 과정이 산만하다면 쓸모 있는 지식을 생산할 수 없다. 그렇다면 어떻게 연구를 체계적으로 수행할 수 있는가? 지금까지 살펴 본 분석규준들을 연구의 목적과 대상에 맞추어 적절히 연결한 전략research strategy을 세우고 그에 따라 연구를 단계적으로 진행해 나가야 한다. 즉, 연구문제가 정확히 어떤 것인지, 문제를 풀기 위한 분석모형을 어떻게 설정하고 검증할 것인지, 모형검증에 필요한 자료를 어떻게 모아 어떤 방법으로 분석할 것인지를 명확히 규정한 길잡이가 필요하다. 이러한 길잡이를 **연구설계** research design라 부른다.

요컨대 연구설계는 "과학적 방법에 따라 연구를 진행하기 위한 작업지침operating guidelines"으로서,[145] "연구과정의 다양한 단계에서 발생하는 문제의 해결책을 제공해 주는 청사진blueprint"의 역할을 수행한다.[146]

과학적 연구는 이러한 연구설계에 따라 ① 연구문제를 명백히 밝히고 분석모형을 구축하는 단계, ② 모형의 작동변인들을 정의(이론적 정의-조작정의)한 다음 적절한 관측방법과 연구표본을 선정하는 단계, ③ 관측을 통해 자료를 모아 모형을 검증하는 단계, 그리고 마지막으로 ④ 검증결과를 면밀히 해석하여 모형의 수용 여부를 최종적으로 판정하고, 검증결과의 이론적 · 실천적 함의를 도출함과 동시에 새로운 연구문제를 제시하는 단계 등 네 단계에 걸쳐 진행된다(〈그림 4-1〉 참조).

145_ Blalock, A. and Blalock, H. 1982. *Introduction to Social Research*. Englewood Cliffs, NJ: Prentice-Hall, p. 59.

146_ Nachmias and Nachmias(1996), pp. 99, 597.

<그림 4-1> 과학적 연구의 흐름

1단계: 연구문제와 분석모형(가설모형)의 정립

◉ 연구문제의 구체화

① 분석단위·분석수준
- 미시분석
- 거시분석

② 분석의 목적과 유형
- 서술·설명·예측
- 확증형 연구와 탐색형 연구

⇄

◉ 분석모형의 구축

① 변인과 관계구조의 설정

② 제3변인 통제방식 선택
- 실험연구
- 의사실험연구

⇄

◉ 분석의 시간적·공간적 범주 설정

① 횡단분석
- 교차사례분석
- 사례분석

② 종단분석
- 코호트분석
- 패널분석
- 추세분석

↓

2단계: 개념화와 관측방법 및 연구표본의 선정

◉ 개념화와 조작정의

① 조작지표 설정

② 지표의 적실성 점검
- 측정타당성
- 상호배타성과 포괄성
- 측정수준

⇄

◉ 관측방법의 선정

① 자극적 관측방법
- 설문조사
- 참여관찰

② 비자극적 관측방법
- 집적통계자료 추출
- 내용분석

⇄

◉ 모집단과 표본선정

① 표집방법 선택

② 표본규모 설정

↓

3단계: 관측, 자료수집과 모형검증

◉ 관측

① 자료수집

② 수집된 자료의 체계적 정리

◉ 모형검증방법의 선정·적용

① 정량(계량통계)분석

② 정성분석

↓

4단계: 모형검증결과의 해석과 모형의 최종 판정

◉ 모형의 적실성 판정

◉ 검증결과의 이론적·실천적 함의 도출

◉ 새로운 연구문제 제시

2. 연구설계의 구성항목

연구설계는 연구의 각 단계에서 진행되는 작업의 세부지침을 제공해야 하기 때문에 ① 연구문제, ② 분석모형, ③ 분석의 시간적·공간적 범주, ④ 개념화와 조작정의, ⑤ 모집단과 표본, ⑥ 관측방법, ⑦ 모형(가설)검증방법 등 일곱 가지 항목으로 구성된다.

1) 연구문제

연구설계를 구성하고 있는 항목들 가운데 가장 중요한 것은 연구문제이다. 연구설계를 만드는 것이 어렵게 여겨진다면 풀려는 연구문제가 정확히 무엇인지 다시 생각해 보아야 한다. 바꾸어 말해서, 무엇을 왜 연구하는지 명백해지면 질수록 연구설계를 더욱 쉽게 만들 수 있다. 그렇다면 연구문제(연구퍼즐)란 무엇인가? 연구문제는 단순히 연구대상을 지칭하는 것이 아니라, ① 어떤 현상의 어떤 측면을 ② 무엇을 위해 연구하겠다는 분석의 단위 및 수준과 연구목적을 모두 포함한다.

(1) 분석단위와 분석수준

연구설계는 **분석수준**level of analysis과 **분석단위**unit of analysis를 명백히 규정해야 한다. 분석단위는 연구대상의 기본적 구성단위를 지칭하며,147 분석수준에 따라 결정된다. 즉, 연구대상을 하나의 덩어리, 곧 총체whole로서 볼 것인가(**거시적 수준**macro level) 잘게 쪼개어 볼 것인가(**미시적 수준**micro level)에 따라 적절한 분석단위가 선택된다.

한국정치의 안정성은 거시적 수준과 미시적 수준에서 각기 조망될 수 있다. 우선 거시적 수준의 연구(거시분석macroanalysis)는 위에서 말한 '총체'에 초점을 맞추고 있으며, 따라서 한국정치의 역동적 전개과정을 전체적으로 파악할 수 있는 분석단위를 사용한다. 정치체계political system는 어떤 국가나 사회에서 전개되는 "가치의 권위적 배분authoritative allocation of resources"148 과정을 전체적으로 조망하기 위해 만들어진 개념적 도구로서, 거시적 연구에 주로 선택되는 분석단위이다.

거시분석은 **총체론**(신비론holism)에 기반을 두고 있다. 이러한 시각에 따르면, 총체는 나름대로의 신비한 속성을 갖고 있기 때문에 쪼개어 보아서는 그 본질을 완전히 파악할 수 없다. 다시 말해서, 총체는 개체의 단순한 집합 그 이상the whole is more than a sum of its parts이며, 따라서 총체의 속성은 개체의 속성, 개체와 개체 간의 관계가 나타내는 속성, 그리고 개체와 총체 사이의 관계가 갖는 속성을 모두 포함하고 있다는 것이다.

어느 대학 정치외교학과의 정치학방법론 강의(총체)를 생각해 보자. 이 강의의 성격은 물론 강의를 구성하고 있는 각 수강생과 교수(개체)의 성격을 포함하나, 그것만이 전부는 아니다. 만약 그렇다면

147_ Nachmias and Nachmias(1996), p. 53. 키더L. Kidder는 분석단위를 "자료분석에서 사용되는 특정한 변인specific variables used in data analysis"이라고 규정하고 있다. Kidder(1981), p. 450.

148_ '정치'의 가장 보편적인 정의. Easton, D. 1971. *The Political System: An Inquiry into the State of Political Science*. Chicago: University of Chicago Press, p. 129 참조.

이들을 학교 앞 카페에 모아 놓아도 하나의 덩어리로서 갖는 성격은 교실에서 나타내는 성격과 같을 것이다. 그러나 카페에 모인 집단과 교실에 모인 집단은 아주 다른 집단이다. 왜냐하면 상황에 따라 학생들 사이의 관계, 그리고 교수-학생들 간의 관계가 달라지기 때문이다. 따라서 이 강의의 속성을 제대로 알려면 특정한 상황에 놓인 총체로서의 강의 자체를 분석해야 한다. 두 번째로, 미시적 수준의 연구(미시분석microanalysis)는 총체란 개체의 총합에 불과the whole is nothing more than a sum of its parts하다는 **환원론**reductionism에 기초하고 있다. 즉, 환원론자들은 "모든 총체는 원칙적으로 개체를 통해 정의될 수 있다"고 주장한다.[149] 이에 따라 한국정치의 안정성에 관한 미시분석은 한국정치체계를 가장 작은 구성단위, 곧 개체에 이르기까지 쪼개어 그 속성을 파악하려 한다. 한국정치체계(총체)의 안정성은 한국사람들(개체)의 행태나 태도가 나타내는 안정성을 파악함으로써 밝혀질 수 있다고 보기 때문이다.

그런데 특정한 분석단위(분석수준)를 선택한 연구에 있어서 유의해야 할 점은 **분할오류**fallacy of division나 **합성오류**fallacy of composition에 빠질 수 있다는 사실이다. 우선 분할오류는 **생태오류**ecological fallacy라 불리기도 하며, 높은 수준의 분석단위에 대한 관측결과를 근거로 그보다 낮은 수준에 놓여 있는 분석단위의 성격을 함부로 추론할 때 발생한다.[150] 즉, 전체의 속성을 보고 개체의 속성을 단언한다면 이러한 오류에 빠지게 된다. 어떤 대학 정치외교학과 2학년 학생이 정치학연

149_ 맥가우와 왓슨은 환원론적 입장을 "방법론적 개체주의methodological individualism"라 부르고 있다. McGaw and Watson(1976), p. 135. 환원론과 총체론의 대립에 관해서는 Brodbeck(1968), pp. 254-280을 참조할 것.

150_ Babbie(2004), p. 100; Nachmias and Nachmias(1996), p. 54; McGaw and Watson(1976), pp. 134-135.

구방법론 숙제로 그 학과 남학생과 여학생의 지능을 비교분석하기 위해 모든 재학생을 남·녀 두 집단으로 나누어 각 집단의 IQ 평균치를 측정했다고 하자. 분석결과 여학생의 평균 IQ가 남학생의 평균 IQ보다 상당히 높다는 사실을 알았다면 그러한 발견은 '집단'의 수준에서만 의미를 갖는다. 따라서 이 학생이 분석결과를 근거로 집단에 속해 있는 개인 김XX 양이 박XX 군보다 당연히 머리가 좋으리라 추론한다면 분할오류에 빠지게 된다.

한편 어떤 여학생이 남자친구가 군에 입대한 다음 날 부터 다른 남학생과 사귀기 시작했다 하자. 이 여학생의 모습을 보고 '모든 여학생들(여학생 집단)은 남자친구가 군에 입대하면 곧 다른 남자친구를 사귈 것'이라 추론한다면 합성오류에 빠지게 된다. 즉, 합성오류는 총체의 속성은 개체의 속성을 그대로 반영한다고 함부로 단언할 때 발생한다.[151] 따라서 "집단, 사회 혹은 국가의 속성을 개별 사회구성원의 속성을 통해 유추할 때"[152] 합성오류에 빠지지 않도록 주의를 기울여야 한다.

그렇다면 연구과정에 있어서 왜 오류가 나타나는가? 오류에 빠질 가능성이 있다는 것을 알면서도 의도적으로 잘못된 지식을 생산하려는 과학자는 단 한 사람도 없을 것이다. 이와 같은 오류의 발생가능성은 분석수준과 관련하여 과학적 연구가 기초하고 있는 두 가지 입장, 곧 총체론과 환원론에 애당초 내재되어 있다고 말할 수 있다.

그러나 환원론과 총체론 가운데 어느 것이 더 타당한가를 따져 볼 필요는 없다. 왜냐하면 과학적 연구에 있어서 분석의 수준과 단위는

151_ McGaw and Watson(1976), p. 134.

152_ Nachmias and Nachmias(1996), p. 55. 이 책에서는 합성오류를 "individualistic fallacy"라 표현하고 있다.

개념정의와 마찬가지로 연구자의 이론적 입장과 가정에 따라 선택될 뿐이기 때문이다. 물론 이 두 가지 입장이 사회과학연구에 있어서 거시이론-미시이론의 대립과 갈등을 초래한 것이 사실이다. 그러나 정치사회현상에 관한 다차원적 관측의 필요성이 대두됨에 따라 환원론과 총체론은 상호보완적 관계를 구축해 나가는 경향을 보이고 있다. 요컨대 연구자는 자신이 선택한 분석단위와 분석수준에 따라 지식을 생산해 나가는 과정에서 '무리 없는' 추론을 하도록 노력해야 한다. 즉, 미시적 단위를 이용한 분석의 결과는 미시적 수준에서만 일반화될 수 있으며, 거시적 단위를 선택했다면 분석결과의 해석 역시 그러한 수준에 한정해 이루어져야 한다. 또한 거시적 수준의 분석단위와 미시적 수준의 분석단위 사이의 관계를 함부로 추론해서는 안 된다. 이렇게 할 경우 도출된 이론이 연구대상의 존재양상을 왜곡할 가능성이 매우 높다. 바꾸어 말해서, 서로 다른 분석수준에 놓인 분석단위 간의 교차수준적 관계cross-levels relationship를 설정하는 데에는 상당한 위험이 따른다고 말할 수 있다.[153]

(2) 연구의 목적과 유형

분석단위와 분석수준을 밝히는 것만으로는 연구문제가 완벽하게 만들어졌다고 볼 수 없다. 이에 더해 연구문제를 왜 풀려 하는가, 즉 연구목적을 명확히 제시해야 한다. 예로서 '도시생산근로자들의 정치

153_ 분석단위 간의 관계를 교차수준적으로 추적하는 과정에서 나타날 수 있는 이론적·방법론적 문제점에 관해서는 김지희·김웅진(2003), pp. 46-49을 참조할 것.

적 신뢰도'를 연구대상으로 선정했다는 것만으로는 불충분하며, '도시생산근로자들의 정치적 신뢰도는 서울지역의 경우 어떻게 분포되어 있는가?' '도시생산근로자들의 정치적 신뢰도의 수준을 결정하는 개인적 배경속성들로는 어떠한 것들이 있는가?' 혹은 '서울부근 도시생산근로자들의 정치적 신뢰도의 수준이 어떻게 변화될 것인가?' 등, 연구목적을 보다 상세히 제시할 필요가 있다. 다시 말해서 정치적 신뢰도의 분포양상을 체계적으로 **서술**하려는 것인지, 신뢰도를 결정하는 요인을 찾아냄으로써 그러한 신뢰도의 형성과정을 **설명**하려는 것인지, 아니면 이미 제시된 이론에 따라 신뢰도의 양상을 **예측**하려는 것인지를 밝혀야 한다.154

연구자는 또한 연구의 유형이 기존 이론이나 모형을 새로운 사례에 적용함으로써 그 설명력을 점검하려는 **확증형 연구**confirmatory research인가 아니면 이론을 새롭게 도출하기 위한 **탐색형 연구**explorative research인가를 밝혀야 한다. 왜냐하면 이와 같은 연구의 유형에 따라 연구설계가 달라지기 때문이다.

2) 분석모형

연구설계의 두 번째 구성요소는 모형이다. 모형은 앞의 2장 3절 '인과모형'에서 논의한 것과 같이 연구대상의 생성경로를 **투사**透寫하기 위한 **계도적 장치**heuristic device이며, 연구목적에 따라 적절한 구조와

154_ 과학적 설명과 예측의 논증구조에 관해서는 1장 3절 '이론의 기능: 설명과 예측'을 다시 읽을 것.

형태를 취해야 한다. 즉, 모형은 연구대상과의 상호조응성을[155] 갖추도록 만들어져야 하며, 이를 위해 연구자는 자신의 고유한 이론적 시각에 따라 작동변인들을 선택하여 그들 간의 관계구조를 설정하게 된다. 물론 연구대상의 생성과정에 관여하는 모든 변인들을 빠짐없이 포함시킨다는 것은 실질적으로 불가능하기 때문에, 모형은 이미 검증된 것이든 혹은 추후 검증될 것이든 연구대상의 생성과정을 단순화시킨 **잠정적 분석도구**라고 볼 수 있다.

(1) 구성변인과 관계구조의 설정

연구설계는 검증될 모형(가설모형)이 어떤 유형인지(축차모형, 비축차모형), 작동변인들은 무엇이고 그들 간의 인과경로는 어떻게 전개되는지를 흐름도와 구조방정식을 통해 제시해야 하며, 또 그렇게 제시한 이론적 근거를 밝혀야 한다. 그러나 연구설계를 통해 제시된 최초의 모형이 연구의 진행과정에서 본래의 모습을 끝까지 유지하는 경우는 드물기 때문에, 모형이 수정될 가능성을 염두에 두고 모형 내 인과경로에 영향을 줄 수 있는 외부요인들의 목록을 미리 작성해 두어야 한다.

155_ 모형의 구조적·기능적 조응성structural-functional isomorphism에 관해서는 2장 3절 1)항 '인과모형의 의미'를 다시 볼 것.

(2) 변인통제: 모형의 내적 타당성 확보

모형을 만들고 검증하는 과정에 있어서 가장 큰 문제는 과연 설명변인들이 실제로 종속변인의 변이를 초래하는가의 문제, 곧 **내적 타당성**internal validity의 문제라고 말할 수 있다.156 앞서 논의한 것처럼, 설명변인–종속변인 사이의 인과경로가 제3변인의 영향력에 따라 바뀌거나 무너진다면 애당초 상정한 관계는 허위적 관계였던 것으로 밝혀지게 된다. 즉, 모형 밖에서 영향을 미치는 외부요인들을 적절히 제어하지 않고 그대로 놓아둔다면 모형의 내적 타당성이 훼손될 가능성이 크다. 따라서 연구설계를 제대로 만들기 위해서는 모형에 포함되지 않은 변인들이 언제든지 영향력을 발휘할 수 있다는 점을 인식하고, 그들로부터의 영향력을 적절히 통제하는 방식을 미리 선정해 둘 필요가 있다.

통제control란 모형 내 인과경로에 대한 외부요인들의 영향력이 일정한 수준에서 고정되거나 상쇄되도록 만들어 설명변인–종속변인 간의 관계를 이들로부터 격리시키는 작업으로서, 계량통계분석을 포함해 다양한 방식이 사용된다.157 그리고 어떤 통제방식을 선택하느냐는 연구의 성격이 **실험연구**experimental research인가 혹은 **의사실험연구**quasi-experimental research인가에 따라 달라진다.

156_ Campbell, D. and Stanley, J. 1963. *Experimental and Quasi-Experimental Designs for Research*. Chicago: Rand McNally, p. 5 참조.

157_ Nachmias and Nachmias(1996), pp. 106–113 참조.

가. 실험연구의 통제방식

실험실laboratories처럼 모형의 검증조건이 연구자의 의도에 따라 임의적으로 설정될 수 있는 환경에서 진행되는 실험연구는[158] "과학적 연구방법의 원칙을 가장 잘 따르고 있기 때문에 타당성과 신뢰성이 매우 큰 결과를 생산"해낸다고 여겨진다.[159] 그러나 인간을 대상으로 한 사회과학연구에 있어서는 실험연구의 논리를 적용하기가 쉽지 않다. 왜냐하면 실험은 앞서 말한 것처럼 실험자가 연구대상을 연구설계에 따라 자유롭게 조작할 수 있는 상황 속에서만 가능하기 때문이다. 즉, 본래적 존엄성과 가치, 의도와 성향을 지닌 인간을 실험실에 가두어 놓고 관측한다는 것은 불가능하며 또 윤리적으로도 허용될 수 없다. 물론 일부 정치학자들이 정책결정과정에 관한 게임game이나 시뮬레이션simulation, 선거 캠페인 실험 등을 통해 설명력이 큰 이론을 만들어 낸 것이 사실이지만, 대부분의 사회과학연구는 실험이 갖고 있는 과학적·윤리적 한계를 극복하기 어렵다.

가장 기본적인 형태로서의 실험은 두 개의 동질적 연구집단을 사용하되, 그 중 **실험집단**experimental/treatment group에는 일정한 자극(독립변인의 영향력)을 가하는 반면 나머지 집단, 즉 **통제집단**control/comparison group에는 아무런 자극을 주지 않는 방식을 취한다. 다음으로 실험집단과 통제집단의 변화양상을 비교해 본 후, 양 집단 사이에 나타나는 차이를 자극의 결과로 간주한다. 이때 실험자는 두 집단이 실험적 처치(자극)를 받았는가의 여부를 제외하고는 모든 면에서 동일하도록 조건을 조작했으므로, 다른 요인들이 전혀 개입되지 않았다는 조건

158_ 혹은 단순히 실험experiment.

159_ Blalock and Blalock(1982), p. 77.

하에 두 변인(자극과 그에 상응하는 변화) 사이의 인과관계를 추적할 수 있다(〈그림 4-2〉 참조).

<그림 4-2> 실험의 기본구도

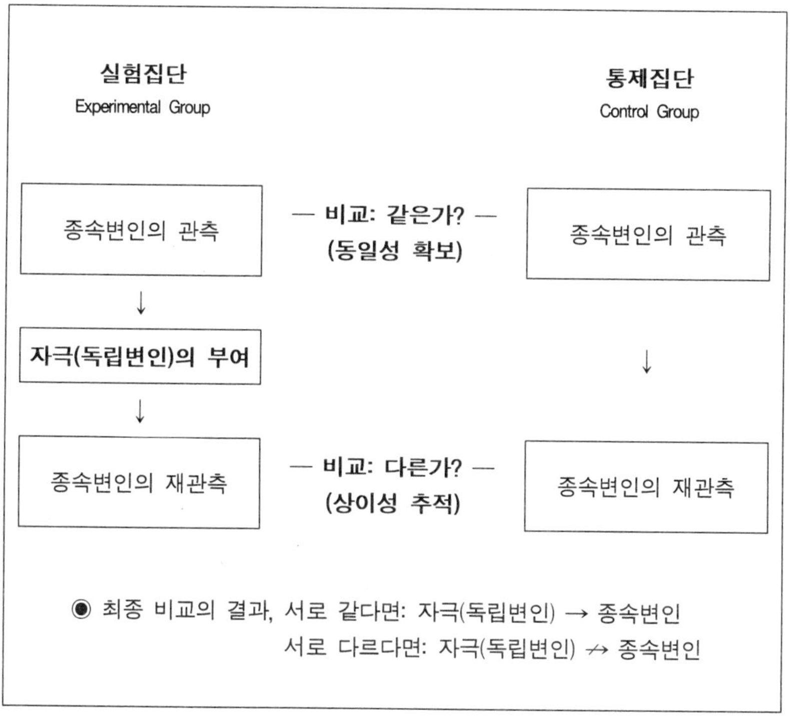

실험설계로서는 연구목적에 따라 고전적 선실험-후실험 통제집단 설계pretest-posttest control group design · 솔로몬 4개 집단 설계Solomon four group design · 팩토리얼 설계factorial design 등 다양한 유형이 있지만,[160] 이들은

160_ 실험설계의 구체적인 내용과 목적에 관해서는 김웅진 외. 2001. 『정치학 조사방법』. 서울: 명지사, pp. 65-116; Nachimas and Nachmias (1996),

모두 "연구대상으로 선정된 변인의 속성을 여타 변인이 모두 통제되었다는 조건 하에 조작함으로써 그 영향력을 추론할 수 있도록 만들어진 분석의 틀"이라고 말할 수 있다.[161] 요컨대 제3변인을 어떻게 통제하느냐가 실험의 성패를 가름하게 되는데, 적절한 통제방식을 선택하기 위해서는 실험모형의 내적 타당성을 훼손시킬 가능성이 있는 요인들을 명확히 규명할 필요가 있다. 이와 같은 요인들은 크게 ① 실험집단과 통제집단에 이질적 인자들이 포함되도록 함으로써 분석결과의 왜곡을 초래하는 **외생적 요인**extrinsic factors과, ② 분석대상이나 관측·측정방법의 변화 또는 관측행위 자체에 대한 반작용 등 연구가 진행되는 과정 속에서 나타나는 **내생적 요인**intrinsic factors으로 나누어진다.[162]

① 외생적 요인의 통제: 짝짓기와 무작위 선택

외생적 요인을 통제하기 위한 첫 번째 방식은 실험집단과 통제집단을 외생적 요인의 측면에서 완전히 일치시키는 **짝짓기**matching이다. 이와 같은 짝짓기 방식으로는 우선 통제하려는 요인에 관한 한 똑같은 속성을 지닌 사례들을 실험집단과 통제집단에 고루 포함시켜 일대일 짝을 짓는 **정밀일치법**precision matching을 들 수 있다.[163] 예로서 과외공

---

pp. 115-122 참조.

161_ Blalock and Blalock(1982), p. 60.

162_ 특히 내생적 요인으로는 ① 역사history, ② 성숙maturation, ③ 실험사례의 손실experimental mortality, ④ 분석기법의 변화instrumentation, ⑤ 실험효과testing effects, ⑥ 회귀효과regression effects, ⑦ 선정-역사 상호작용selection-history interactions, ⑧선정-성숙 상호작용selection-maturation interactions 등 여덟 가지가 있다. 이러한 요인들의 상세한 내용에 관해서는 Babbie(2004), pp. 230-232; Nachmias and Nachmias (1996), pp. 107-109; McGaw and Watson(1976), pp. 313-316; Campbell and Stanley(1963), pp. 5-6 등을 참조할 것.

부가 수학시험성적을 향상시킬 수 있는지 알아보기 위해 실험집단과 통제집단에 성별(남자), 가장 최근의 수학시험성적(지난 번 중간고사 성적 60점), 학년(고등학교 1학년) 등에서 완전히 같은 학생들을 포함시켰다면 정밀일치법에 해당된다. 그런데 정밀일치법은 많은 수의 요인을 동시에 일치시키기 어려울 뿐 아니라, 일치시키면 시킬수록 연구사례의 수가 줄어드는 단점을 갖고 있다. 따라서 이보다 적용하기 쉬운 대안으로 **빈도분포의 일치**를 시도하는 경우가 많다. 이러한 방식을 사용할 때 실험집단과 통제집단은 통제대상이 되는 변인들에 관한 한 집단적으로 동일하게 만들어진다. 즉, 실험집단과 통제집단에 속한 개별사례들을 일대일로 짝짓는 대신에, 평균과 같은 중심집중치central tendency에 있어서[164] 집단의 속성이 일치되도록 조작하는 것이다.[165]

결국 짝짓기는 연구자가 미리 지정한 제한된 수의 변인들을 통제하는 방식이며, 따라서 이 방식을 사용한다면 연구자가 미처 생각해내지 못한 변인들로부터의 영향력이 그대로 살아남아 실험모형의 내적 타당성을 훼손할 수 있다. 이러한 문제를 해결할 수 있는 방식은 실험집단과 통제집단에 속하는 사례들을 무작위로 선택하는 것이다randomization. 즉, 동전을 던지거나 난선표집방법[166] 등을 사용해 모든 연구사례가 실험집단과 통제집단에 포함될 확률을 같게 만들어 숨겨진 변인들을 통제할 수 있다.[167]

163_ Nachmias and Nachmias(1996), pp. 110-111.

164_ 중심집중치는 평균mean, 중앙값median, 최대빈도수mode 등으로 이루어지며, 어떤 빈도분포의 고유 속성에 관한 정보를 제공해준다.

165_ Nachmias and Nachmias(1996), p. 111.

166_ 난수표random number table를 사용한 무작위 표집방법.

167_ Babbie(2004), pp. 191-192; Nachmias and Nachmias(1996), pp. 111-113.

바로 위에서 든 예에서 성적향상이 실제로는 처치효과(과외공부의 효과) 때문이 아닐 수도 있다. 왜냐하면 성적이 과외공부나 이미 통제된 변인(성별, 최근의 수학성적, 학년) 이외에 다른 요인들로 인해 향상되었을 수도 있기 때문이다. 즉, 공부에 대한 의욕이 보다 크고 머리가 좋은 학생들이 실험집단에 많이 속해 있기 때문에 실험집단의 성적이 높아졌을 가능성이 있다. 이처럼 감추어진 요인들의 영향력을 짝짓기 방식을 통해 모두 제어할 수는 없으며, 또한 여러 개의 요인들을 지정해서 짝을 짓고 나면 애당초 실험집단과 통제집단에 속했던 사례들 가운데 많은 수가 실험대상에서 배제될 위험성이 있다. 그러나 동전 던지기를 통해 누가 실험집단에 속하고 누가 통제집단에 속할 것인가를 결정한다면 학생들이 지닌 모든 속성들이 실험·통제 두 집단에 고루 퍼지게 할 수 있다. 즉, 지능, 건강, 학습동기 등 연구자가 발견할 수 없는 수많은 요인들의 분포가 두 집단 속에서 비슷한 양태를 보이게 된다는 뜻이다. 만약 실험집단과 통제집단을 이렇게 만들 수 있다면 이들 사이에 나타나는 성적의 차이는 독립변인(과외공부의 효과)으로 설명될 수 있다. 요컨대 무작위 선택은 유효한 외부요인들 때문에 발생하는 정형적 오류의**168** 효과가 상쇄되도록 한다는 장점이 있다.

② 내생적 요인의 통제: 통제집단의 사용

내생적 요인의 영향력은 적절한 통제집단을 통해 사용해 제어될 수 있다. 앞서 살펴본 것처럼 실험집단과 통제집단에 속하는 연구사례들

168_ 정형적 오류에 관해서는 앞의 3장 3절 2)항 '측정요건'을 참조할 것.

은 두 집단이 완전히 같은 성격을 갖도록 무작위 선택이나 짝짓기를 통해 선정되어야 하며, 또한 자극(독립변인)을 부여하느냐 안 하느냐를 제외하고는 연구의 모든 과정을 통해 동일한 조건 아래 놓여야 한다. 이렇게 만들고 나면, 실험과정 속에서 우연히 발생하는 사건이나 실험상황의 변화가 두 집단에 동일한 영향을 줄 가능성이 높기 때문에 독립변인의 영향력과 어우러져 모형의 내적 타당성을 훼손하지 않게 된다. 예컨대 통제집단과 실험집단은 모두 연구과정에서 같은 상황으로부터 같은 영향을 받기 때문에 내생적 요인의 하나인 **역사**history, 즉 예기치 않게 발생하는 사건으로부터의 영향력이 통제될 수 있다. 마찬가지로 실험에 대한 권태처럼 시간이 지남에 따라 나타나는 분석대상의 생리적·심리적 변화를 지칭하는 **성숙**maturation 또한 두 집단이 같은 변화를 겪기 마련이므로 영향력을 발휘하지 못한다.

나. 의사실험연구의 통제방식

대부분의 사회과학연구는 실험실의 환경처럼 '닫힌 체계'가 아니라 '열린 체계open system' 속에서 이루어지기 때문에 수많은 제3변인의 영향력에 거의 완전히 노출되어 있으며, 따라서 실험연구에 비해 내적 타당성의 문제가 더욱 크게 부각된다.[169] 물론 사회과학연구에 있어서도 제3변인의 영향력은 통제된다. 즉, 실험의 논리를 일단 받아들여 외생변인을 **지정통제**specification하거나 연구사례를 무작위로 선정함으로써 제3변인의 영향력을 제어하려 시도하지만, 그 과정에서 연구자의 의도에 따라 '처치된 자료'가 아니라 '관측된 자료observational data'

169_ Blalock(1964), p. 4.

를 사용할 수밖에 없기 때문에 실험적 통제만큼 믿을 만한 효과를 얻기 어렵다. 이러한 이유로 인해 사회과학연구는 사후실험*ex post facto experiment*의[170] 논리에 따라 제3변인을 통제할 수밖에 없다. 이러한 사후실험적 통제방식으로는 주로 계량통계분석이 선택되지만, 사용자료가 비연속적 범주형 자료categorical data일[171] 때에는 **비교분석방법**이 사용된다.

① 계량통계분석을 이용한 통제

계량통계분석의 논리에 입각한 통제방식으로는 여러 가지가 있으나, 연구자에 의해 선험적으로 지정된 어떤 제3변인이 실제로 영향력을 행사하는가를 추적하기 위한 방식, 그리고 모형 내 설명변인들의 설명력을 극대화함으로써 알 수 없는 제3변인의 효과를 최소화하는 방식 등 크게 두 가지로 나누어진다.

예를 들어 **유관표 분할법**crosstab breakdown은 연구자가 지정한 제3변인의 효과를 고려했을 때 독립변인→종속변인 사이에 나타난 애초의 관계가 변하는 양상을 보여주기 때문에, 그러한 변인이 실제로 영향력을 갖는지 갖지 않는지, 또 갖는다면 그 힘은 어느 정도인지를 알 수 있도록 해준다(〈그림 4-3〉 참조).

170_ Manheim, Rich, and Willnat(2002), p. 91.
171_ 명목척도나 순위척도로 구성된 자료.

<그림 4-3> 유관표 분할법을 통한 제3변인의 통제

● 가설: 성별 [남, 녀] → 초등학교 무상급식 [찬성－반대]
↑
제3변인: 거주지역 [농촌－도시]

▶ 유관표 A: 본래의 모습

	찬성	반대
남	31	8
여	12	19

λ=0.259

▷ 분할된 유관표 B: 농촌거주자

	찬성	반대
남	26	2
여	3	14

λ=0.688

▷ 분할된 유관표 C: 도시거주자

	찬성	반대
남	5	6
여	9	5

λ=0.091

위 〈그림 4-3〉은 성별(독립변인)에 따라 초등학교에서의 무상급식에 대한 찬반 입장(종속변인)이 다를 것이라는 가설을 70명으로 구성된 표본을 대상으로 검증한 다음, 다시 거주지역이라는 제3변인의 영향력을 유관표 분할법을 통해 살펴본 예이다. 우선 성별과 무상급식에 대한 입장 사이에 나타난 최초의 관계양상은 유관표 A와 같고, **람다**λ 값이 0.259에 불과하기 때문에 두 변인 사이에는 아주 약한 관계만 있다고 볼 수 있다(람다 값은 '전혀 관계없음'을 보여주는 0으로부터 '완벽한 관계'를 나타내는 1까지의 범위를 갖는다).[172]

그러나 제3변인으로 지정된 '거주지역'의 효과를 파악하기 위해 원래의 유관표를 농촌거주자 유관표(분할된 유관표 B)와 도시거주자 유관표(분할된 유관표 C)로 나누어보면, 애당초 성별-호주제에 대한 입장 사이에 나타났던 관계가 크게 변한다는 것을 알 수 있다. 즉, 농촌거주자들의 경우에는 이들 간의 관계심도가 상당히 큰 반면(λ=0.688) 도시거주자들의 경우에는 거의 아무런 관계가 없기 때문에(λ=0.091), 거주지역에 따라 독립변인-종속변인 사이의 관계가 변한다는, 즉 거주지역이 모형 밖에서 제3변인으로 작동하고 있다는 사실을 확인할 수 있다. 따라서 '성별과 호주제에 대한 찬반 입장은 제3변인을 일정한 수준에서 통제할 때(농촌거주자들로 고정시킬 때) 상당히 깊은 관계를 갖는다'는 잠정적 결론을 내릴 수 있다.[173]

중다회귀분석 역시 알 수 없는 제3변인의 영향력을 포괄적으로 지칭하는 오차항을 회귀모형에 포함시킴으로써 그들로부터의 영향력을 통제한다. 즉, 중다회귀분석을 통해 모형에 포함된 독립변인들이 종속변인에 대해 제3변인의 영향력을 무시할 수 있을 정도의 강한 설명력을 발휘하는가를 파악할 수 있다. 만약 회귀모형이 통계적으로 타당한 것으로 밝혀진다면 오차항, 곧 모형에 포함되지 않은 제3변인의 포괄적 영향력은 사실상 제어된 것으로 간주한다.[174]

172_ 람다를 포함한 여러 가지의 계량분석기법에 관해서는 본 절의 7항 '모형검증방법: 계량분석기법의 유형'을 볼 것.

173_ '잠정적 결론'이라고 말한 이유는 동일한 절차를 사용해서 다른 제3변인들을 통제하였을 때 이와 전혀 다른 결과를 얻게 될 가능성이 있기 때문이다.

174_ 2장 6절 2)항을 다시 볼 것.

② 비교분석을 이용한 통제

비교분석은 비정량적·비연속적 척도로 이루어진 변인들 간의 인과관계를 논리적으로 추론하는 방법으로서, 종속변인에 영향을 줄 가능성이 있는 잠재적 독립변인들을 이론적·선험적으로 상정한 다음 교차사례적 비교를 통해 이들 가운데 상당수를 상수적 조건constant condition으로 통제하여 실제로 작동하는 소수의 독립변인들을 추출하는 방법이다(〈그림 4-4〉 참조).

〈그림 4-4〉는 비교분석방법의 하나인 **차이법**method of difference이 어떻게 변인을 통제하는가를 보여주고 있다.[175] 어떤 연구자가 내각안정성(종속변인)에 영향을 주는 '후보독립변인'들로 의회분절도, 정부의 거시경제적 성취도, 사회유동화의 수준 등 세 가지를 상정한 다음, 국가 A·B·C를 비교사례로 선택했다 하자. 이들의 모습을 교차사례적으로 비교해 보면 그림에 나타난 것처럼 의회분절도(후보독립변인-1)만 사례에 따라 변하고(교차사례적 변이) 나머지 두 변인들은 모두 변하지 않고 있다. 따라서 정부의 거시경제적 성취도(후보독립변인-2)와 사회유동화의 수준(후보독립변인-3)은 일정 수준에서 통제된 가운데 의회분절도→내각안정성 사이의 인과관계가 성립된다. 물론 이 경우 후보독립변인으로 지정되지 않은(즉, 위의 그림에 포함되지 않은) 제3변인들의 영향력이 전혀 통제되지 않았으므로 도출된 모형은 내적 타당성의 문제를 완전히 극복하지 못하고 있다고 볼 수 있다.

175_ 차이법의 상세한 분석논리에 관해서는 김웅진·김지희. 2000. 『비교사회연구방법론』. 서울: 한울, pp. 26-35을 참조할 것.

<그림 4-4> 비교분석의 예

	비교사례 1 (국가 A)	비교사례 2 (국가 B)	비교사례 3 (국가 C)
종속변인 (내각안정성)	안정	매우 불안정	불안정
후보독립변인 1 (의회분절도)	낮음	매우 높음	높음
후보독립변인 2 (정부의 거시 경제적 성취도)	높음	높음	높음
후보독립변인 3 (사회유동화의 수준)	낮음	낮음	낮음

▶ 후보독립변인-1: 낮음—매우 높음—높음 [교차사례적 변이를 나타냄]
▷ 후보독립변인-2: 높음—높음—높음 [교차사례적 변이를 나타내지 않음]
▷ 후보독립변인-3: 낮음—낮음—낮음 [교차사례적 변이를 나타내지 않음]

⇩

▷ 정부의 거시경제적 성취도가 높다면,
[후보독립변인 2를 일정 수준으로 통제]
▷ 사회유동화의 수준이 낮다면,
[후보독립변인 3을 일정 수준으로 통제]

▶ 의회분절도(후보독립변인 1)에 따라 내각안정성의 수준이 변화한다.

물론 계량통계분석이나 비교분석은 실험연구의 통제방법에 비해 효력이 떨어진다. 왜냐하면 이와 같은 방법들을 통해 어떤 변인을 명확히 지정해 그 영향력을 통제한다 해도 그러한 변인은 수많은 제3변인들 가운데 하나에 불과하며, 또한 계량통계분석은 기본적으로 '관측자료를 이용한 불확실한 추론'의 성격을 벗어나지 못하기 때문이다. 그렇다고 해서 비실험적 모형의 내적 타당성이 완전히 부정되는 것은 아니다. 비록 제3변인의 완벽한 통제가 이루어지지 않은 가운데 만들어진 비실험적 모형일지라도 예측에 지속적으로 성공한다면 내적 타당성을 확보한 것으로 볼 수 있다. 다시 말해서 비실험적 모형의 내적 타당성은 예측력에 따라 판정된다.

3) 분석의 시간적 · 공간적 범주

분석의 범주는 1장 2절 '이론의 유형'에서 살펴본 일반이론 · 중간범위이론 · 협범위이론 가운데에서 어떤 이론을 염두에 두고 연구를 설계하는가와 관련된 것으로서, 도출되는 이론이나 모형의 시간적 · 공간적 적용한계를 미리 설정한다는 측면에서 대단히 중요하다. 분석의 범주는 크게 횡단분석과 종단분석으로 나누어진다.

(1) 횡단분석: 교차사례분석과 사례분석

횡단분석cross-sectional studies은 연구의 범주를 일정한 시점에서 공간적으로 규정한 연구를 지칭한다.[176] 즉, 이러한 유형의 분석은 분석단위가 동일한 시점에서 나타내는 공간적 분산에 초점을 맞춘다. 예로서 2011년 태국, 필리핀, 말레이시아, 인도네시아를 대상으로 정치불안정의 생성경로에 관한 모형을 검증했다면, 이 모형의 설명력은 사례로 선택된 4개 국가라는 공간적 범주에 제한된다.[177] 또 대학생들의 정당선호양상을 연구하기 위해 한국외국어대학교와 경희대학교 학생들을 대상으로 2012년 1월 설문조사를 수행한다면 이 역시 횡단분석에 속한다.

이어 논의하게 될 종단분석도 마찬가지이지만, 횡단분석에 있어서 연구사례(공간적 사례)의 선택은 어느 정도의 일반성을 지닌 이론이나 모형을 얻고자 하는가에 따라 조심스럽게 결정되어야 한다. 어떤 정치학자가 우리나라 모든 대학교의 이름을 붙인 구슬을 주머니 속에 넣고 흔들어 5개 사례를 뽑아보니(단순무작위 표집) 서울대학교, 전남대학교, 경북대학교, 충남대학교, 강원대학교 등 지역적 속성이 매우 다른 5개 대학교가 나왔다 하자. 이렇게 선정된 대학교의 학생들을 대상으로 설문조사를 실시한다면 이 정치학자는 한국의 어떤 대학교에 다니든 상관없이 대학생이라면 모두 적용될 수 있는 '넓은 모형'을 만들려 한다고 볼 수 있다. 반면 숙명여자대학교, 이화여자대학교, 성신여자대학교만을 연구사례로 선택했다면 '서울소재 여자대학교 재학생들'에게만 적용될 수 있는 '좁은 모형'을 만들게 된다. 요컨대 어떤 공간적 사례들을 검증사례로 선택하느냐에 따라 이론이나 모형의 공간적 선행조건이 규정된다.

횡단분석은 **교차사례분석**cross-cases analysis과 **사례분석**case studies으로 나누어진다. 이러한 분류는 이론이나 모형의 선행조건으로 주어지는

176_ Babbie(2004), pp. 101-102.
177_ 혹은 이러한 국가들과 유사한 속성이나 조건을 지닌 국가.

공간적 특성의 범주를 얼마나 넓게 잡느냐에 따른 것으로서, 둘 이상의 공간적 사례들을 대상으로 한 경우를 교차사례분석, 하나의 사례만을 택한 경우를 사례분석이라 부른다.[178]

<그림 4-5> 교차사례분석의 예

가설(가설모형)
의회분절도 · 정부의 경제적 성취도 ➡ 정치안정의 수준

⇩

공간적 검증사례
태국 · 필리핀 · 말레이시아 · 인도네시아

사례분석은 연구목적에 따라 ① 이론(모형)의 설명력을 확인하거나 개념정의에 필요한 정보를 얻기 위한 **교도적 사례분석**heuristic case studies, ② 보편적 사례들과 크게 다른 사례를 집중적으로 분석하여 이

178_ 특히 비교정치연구에 있어서 교차사례분석은 사례 간의 유사성과 상이성을 고려하는가의 여부, 그리고 독립변인들을 그러한 비교사례들의 거시적 속성으로 제한하는가의 여부에 따라 최대유사체계분석안the most similar systems design, 최대상이체계분석안the most different systems design, 혼합체계분석안the mixed-systems approach 등으로 나누어진다. 이들의 상세한 분석논리에 관해서는 김웅진 · 김지희(2000), pp. 25-52; Przeworski, A. and Teune, H. 1970. *The Logic of Comparative Social Inquiry*. New York: Wiley, pp. 31-46 참조.

론(모형)을 도출하는 과정에서 누락된 변인들을 발견하거나 변인의 조작정의를 재검토하기 위한 **임상사례분석**clinical case studies으로[179] 나누어진다.[180]

<그림 4-6> 사례분석의 예

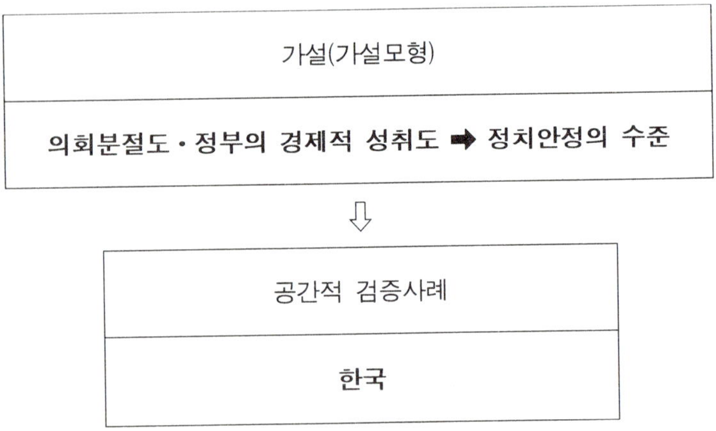

179_ 혹은 이례異例분석deviant case studies.

180_ 사례분석의 유형과 이론적 · 방법론적 의미에 관해서는 Guy Peters, B. 1998. *Comparative Politics, Theory and Methods*. New York: New York University Press, pp. 137–155; Dogan, M. and Pelassy, D. 1984. *How to Compare Nations, Strategies in Comparative Politics*. Chatham, NJ: Chatham House, pp. 107–111 등을 참조할 것. 한편 레이프하트A. Lijphart는 사례분석의 유형을 단순사례분석atheoretical case studies · 해석적 사례분석interpretative case studies · 가설창출용 사례분석hypotheses-generating case studies · 이론확증용 사례분석theory-confirming case studies · 이론논박형 사례분석theory-infirming case studies · 일탈사례분석deviant case studies 등으로 구별하고 있다. Lijphart, A. 1971. "Comparative Politics and Comparative Methods." *American Political Science Review* 65:3, pp. 691–693 참조.

(2) 종단분석: 코호트분석 · 패널분석 · 추세분석

종단분석longitudinal studies은 변인 자체나 변인들 간의 관계를 일정한 시간적 연장선을 따라 역동적으로 추적하는 연구로서, **통시적 분석**diachronic analysis 또는 **시계열 분석**time-series analysis으로 불린다.

종단분석은 도출되는 이론의 시간적 선행조건, 곧 역사적 일반성의 수준을 규정하려는 목적을 갖고 있으나, 또 한편으로 변인들 간의 인과관계를 보다 견고하게 구축하기 위해 수행되기도 한다. 이미 1장에서 소개한 것과 같이 인과관계를 추론함에 있어서 가장 중요한 척도는 독립변인-종속변인 사이의 항상적 연계이다. 즉, 독립변인이 일정한 시간적·공간적 선행조건의 구획 속에서 늘 종속변인의 변이를 초래한다는 경험적 근거가 있을 경우에 한해 인과관계를 추론할 수 있다. 이렇게 볼 때 종단분석은 바로 변인들 간의 관계가 나타내는 시간적 항상성을 확인하거나 확대할 수 있는 수단이 된다.[181] 따라서 연구목적이 광범위한 설명력을 지닌 이론의 도출에 놓여 있다면 선행조건의 범주를 공간적 맥락뿐만 아니라 시간적 맥락에 있어서도 가능한 한 확장해야 한다.

물론 종단분석의 시간적 범주는 이론적·역사적으로 의미 있는 근거에 따라 설정되어야 한다. 예로서 한국의 정치불안정을 연구함에 있어서 '1970년대'는 '유신체제維新體制가 존속한 시대'라는 역사적 의미를 갖는다. 요컨대 종단분석을 위한 시계열 자료time-series data는 단순

181_ 김웅진. 1989. "모형화작업에 있어서 인과관계의 추론척도: 실용성과 효용성에 대한 재성찰." 『한국정치학회보』 제23집 2호, pp. 385-389; Nachmias and Nachmias(1996), pp. 103-105; McGaw and Watson (1976), pp. 53-54 참조.

한 수집가능성data availability에 따라 확보되어서는 안 된다. 즉, '1960년대' 또는 '해방 이후 2010년까지'라는 시간적 조건이 이론의 설명력을 보장함에 있어서 독특한 선행조건으로 작용한다는 근거를 제시해야 한다. 종단분석에는 아래와 같은 세 가지 유형이 있다.

가. 코호트분석

코호트분석cohort studies은 주로 설문조사에 사용되며, 동일한 집단이 나타내는 시간적 변모양상을 파악하려는 목적을 갖고 있다. 코호트란 "[다양한 맥락에 있어서] 동일한 출발점을 지닌 개인들이나 집단들individuals or groups that have a common starting point"을 지칭한다.182

<그림 4-7> 코호트분석의 예

분석회차	코호트
1차 분석(2000)	서울소재 대학교 1학년 학생 표본 100명
2차 분석(2005)	서울소재 대학교 1학년 학생 표본 100명
3차 분석(2010)	서울소재 대학교 1학년 학생 표본 100명

예로서 같은 시간(대)에 출생한 사람들은 '출생 코호트', 직장에서 5년간 근무한 사람들이나 10년간 근무한 사람들은 각기 '직장근무경

182_ Schutt(1996), pp. 136-137.

력 코호트'가 된다. 2005년에 대학에 입학한 학생들과 2010년에 입학한 학생들의 이념정향을 비교하여 5년 동안 어떻게, 또 왜 변화했는가를 규명하는 연구는 코호트 분석에 해당된다(〈그림 4-7〉 참조).

나. 패널분석

종단분석의 두 번째 유형은 역시 설문조사에 주로 사용되는 **패널분석**panel studies이다. 패널분석은 '동일집단', 곧 완전히 똑같은 집단을 대상으로 한다는 측면에서 '동종집단'을 분석하는 코호트분석과 다르다. 즉, 패널분석은 "같은 표본을 둘 이상의 시점에서 관측하는" 연구로서,183 동일한 집단의 인식, 태도, 또는 행위의 시간적 변화양상을 추적하려는 목적을 갖고 있다(〈그림 4-8〉 참조). 예로서 대통령 선거를 3개월 앞두고 100명으로 구성된 대학생 집단을 표본으로 삼아 후보자 선호를 매달 조사하는 연구를 들 수 있다.

<그림 4-8> 패널분석의 예

분석회차	패널
1차 분석(2012년 9월)	한국외국어대학교 정치외교학과 재학생 100명
2차 분석(2012년 10월)	위와 완전히 동일한 집단
3차 분석(2012년 11월)	위와 완전히 동일한 집단

183_ Nachmias and Nachmias(1996), pp. 137-138; McGaw and Watson (1976), pp. 348-350.

다. 추세분석

마지막으로 **추세분석**trend studies은 연구대상의 변화양상을 일정한 시간대 속에서 연속적으로 추적하는 연구로서,[184] 하나의 분석단위가 나타내는 시간적 변모양상뿐만 아니라 둘 이상의 분석단위(변인) 사이의 관계가 어떻게 변화해 왔는가를 연구문제로 삼기도 한다. 예로서 1993년 김영삼 대통령의 문민정부文民政府가 들어선 이래 지금까지 도시화 수준과 정치참여 수준 사이의 관계가 변화해 온 모습을 추적하려는 연구를 들 수 있다. 이처럼 특정한 시간적 구간 속에서 표출된 변인들 간의 관계양상을 일반화하는 작업은 주로 시계열 회귀분석time-series regressions을 통해 이루어진다(〈그림 4-9〉 참조).[185]

184_ Babbie(2004), p. 103.

185_ 거의 모든 통계학 서적들이 시계열 회귀분석의 수학적 논리를 소개하고 있으며, 특히 Ostrom, C. 1978. *Time Series Analysis: Regression Techniques, Quantitative Applications in the Social Sciences* 9. Beverly Hills, CA: Sage에 비교적 명확하게 요약되어 있다. 또한 시계열 분석의 일반적 논리에 관해서는 Nachmias and Nachmias(1996), pp. 138-142를 참조.

<그림 4-9> 추세분석의 예: 한국의 의회분절도-정치불안정 수준의 상관관계, 2000-2009

관측의 시간적 범주	독립변인 ➡ 종속변인
2000 2001 2002 2003 2004 2005 2006 2007 2008 2009	$X_{t1} \rightarrow Y_{t1}$ $X_{t2} \rightarrow Y_{t2}$ $X_{t3} \rightarrow Y_{t3}$ $X_{t4} \rightarrow Y_{t4}$ $X_{t5} \rightarrow Y_{t5}$ $X_{t6} \rightarrow Y_{t6}$ $X_{t7} \rightarrow Y_{t7}$ $X_{t8} \rightarrow Y_{t8}$ $X_{t9} \rightarrow Y_{t9}$ $X_{t10} \rightarrow Y_{t10}$
시계열 회귀방정식	$Y_{ti} = a + bX_{ti} + \varepsilon_{ti}$ ● Y_{ti}: 각 해당 연도의 정치불안정 지수 ● X_{ti}: 각 해당 연도의 의회분절도 ● ε_{ti}: 각 해당 연도의 오차항 ▶ $cov(e_t \cdot e_{t-m})=0$ ▶ $R^2=0.856$ ▶ Sig.F=0.015 ($p=0.05$)
분석결과의 해석	- 회귀방정식의 계수들은 통계적으로 타당하며, 따라서 2000년대를 통해 정치불안정(Y)의 변이의 86%는 의회분절도(X)로 설명될 수 있음. - 즉, 이러한 시간적 조건 하에서 의회분절도와 정치불안정 사이의 상관관계는 대단히 강력한 것으로 일반화될 수 있음.

4) 개념화와 조작정의

연구설계는 모형에 포함된 작동변인의 개념정의와 측정지표를 명백히 제시해야 한다. 즉, 3장 '과학적 개념'에서 논의한 것처럼 이론(모형)의 구성개념을 어떻게 정의할 것인가, 그리고 그러한 정의의 이론적·경험적 근거가 무엇인가를 밝혀야 한다. 이와 아울러, 조작정의를 통해 얻어지는 측정지표들의 **측정타당성**을[186] 점검해 이들이 **상호배타성**mutual exclusiveness과 **포괄성**exhaustiveness을 충분히 갖고 있는지 확인할 필요가 있다. 즉, 선정된 측정지표들을 통해 연구대상의 주요 국면을 가능한 한 빠짐없이 측정할 수 있는지(포괄성), 그리고 지표들이 각각 서로 다른 국면들을 측정하고 있는지(상호배타성)[187] 면밀히 따져보아야 한다.

한편 서로 다른 측정척도를 가진 작동변인들로 구성된 모형을 만들었다면, 그러한 모형을 검증할 수 있는 적절한 방법을 선택해야 한다. 즉, 작동변인들의 측정척도가 서로 같다면(정량척도-정량척도, 순위척도-순위척도) 문제가 없지만, 그렇지 못할 때에는 상이한 측정척도를 가진 작동변인들 간의 관계를 추적할 수 있는 방법이 있는 경우에 한해 연구를 진행할 수 있다. 예컨대 1과 0 두 개의 값만을 가진 범주형 척도로 이루어진 종속변인과 정량척도(등간척도나 비율척도)로 이루어진 독립변인들 간의 관계는 통상적인 선형회귀분석이 아

186_ 측정타당성의 유형에 관해서는 이 책의 3장 3절 '개념의 요건'을 다시 읽을 것.

187_ 다시 말해서 지표들이 측정하려는 현상의 특정 국면을 반복적으로 측정하고 있지 않은가를 점검해야 한다. 만약 지표들이 상호배타성을 상실한다면 측정결과는 중첩효과additive effects에 따라 왜곡되게 마련이다.

니라 로짓-프로빗 회귀분석을 통해 검증해야 한다.

5) 모집단과 표본

대부분의 과학적 연구는 표본sample을 사용한다. 왜냐하면 모집단, 곧 연구대상에 포함된 모든 사례를 대상으로 연구를 진행하기 어렵기 때문이다. 예로서 우리나라 사람의 투표행태를 연구하기 위해서는 유권자 전체를 연구대상으로 삼아야 하지만, 이들에 관한 자료를 모두 확보한다는 것은 실질적으로 불가능하다. 따라서 모집단으로부터 추출한 소규모 표본을 분석하여 얻은 정보가 모집단에도 적용되리라 추측할 수밖에 없고, 바로 그렇기 때문에 연구의 성패는 모집단의 성격을 골고루 반영하는 표본을 어떻게 추출하느냐에 달려 있다고 말할 수 있다. 즉, **모집단특성**population parameters과 **표본특성**sample statistics을 얼마나 잘 일치시키느냐가 성패의 관건이 된다. 연구설계는 모집단이 무엇이고, 그로부터 어떠한 방식으로 얼마나 큰 표본을 끌어낼 것인가, 즉 **표집방법**과 **표본규모**를 명백히 밝혀야 한다.

(1) 표집방법

표집방법으로는 **확률적 표집**probability sampling과 **비확률적 표집**non-probability sampling이 있으며, 확률적 표집은 다시 **표본명단**sampling frame [188]을 갖고 있는가의 여부와 모집단에 속한 사례들이 어떤 방식으로 일

정한 표집확률을 부여받게 되는가에 따라 네 가지 방법으로 나누어진다.[189]

가. 확률적 표집

확률적 표집은 모집단의 구성단위들이 일정한 확률에 따라 뽑힐 수 있도록 만드는 표집방법을 말하며, **단순무작위 표집**simple random sampling, **체계적 표집**systematic sampling, **층화표집**stratified sampling, **군락표집**cluster sampling 으로 나누어진다.

① 단순무작위 표집

모집단에 속한 모든 사례들이 **동일한 표집확률**을 갖도록 만드는 방법으로서, 난수표를 사용하는 경우가 많다(난선표집). 예로서 5,000 명으로 이루어진 모집단으로부터 100명을 표집한다 할 때, 난수표를 이용해 1부터 5,000 사이에서 100개의 번호를 무작위로 뽑은 다음(457, 2002, 4999…) 표본명단에서 해당되는 번호의 사례들(457번, 2002번, 4999번…)을 표본에 포함시키는 방법이다. 단순무작위 표집은 표본의 대표성을 확보하는데 가장 바람직한 방법이지만, 표본명단이 있는 경우에만 사용될 수 있다는 단점을 갖고 있다.

188_ 표본명단이란 선거인 명부처럼 모집단의 모든 구성인자가 포함되어 있는 명부를 지칭한다.

189_ 이러한 표집방법의 논리와 상세한 절차에 대해서는 Nachmias and Nachmias(1996), pp. 83-194; McGaw and Watson(1976), pp. 355-362; Schutt(1996), pp. 158-174 등을 참조할 것.

② 체계적 표집

체계적 표집 역시 표본명단을 갖고 있을 때 사용할 수 있으며, 명단의 어떤 지점으로부터 **일정한 간격**에 따라 사례들을 선정하는 방식이다. 즉, 무작위로 뽑은 어떤 번호로부터 시작해 K번째에 있는 사례들을 차례로 표본에 포함시키는 방법이다. 예로서 5,000명에서 100명의 표본을 추출하기로 하였다면, 무작위로 선택한 457번으로부터 50의 간격(5,000/100)을 두고 100명을 택한다(457번, 507번, 557번…).

③ 층화표집

층화표집은 모집단이 학력, 소득, 직종, 거주지역 등 여러 개의 의미 있는 하위집단을 포함하고 있을 때, 표본에 이러한 **집단의 구성비**가 적절히 반영될 수 있도록 사례를 선정하는 방법이다. 즉, 대학생들을 대상으로 한 설문조사에서 표본규모를 1,000명으로 잡았다면 각 학년별로 250명(25%)을 무작위 표집한다.

④ 군락표집

군락표집은 표본명단이 없을 때 단순무작위 표집의 논리를 적용하기 위해 널리 사용되는 방법이다. 즉, 먼저 모집단을 분할할 수 있는 **군락**cluster을 선택한 다음, 가장 큰 군락단위로부터 가장 작은 군락단위로 좁혀 들어가며 일정한 수의 사례를 차례로 무작위 표집한다.

서울시민을 대상으로 쓰레기 수거방식의 적절성에 대한 설문조사를 수행한다 하자. 서울시민 모두에게 고유한 일련번호를 붙여 놓은 표본명단을 얻기란 쉽지 않다. 이때 서울을 우선 구區로 나누어 그 가운데 몇 개를 무작위 표집하고, 그렇게 뽑힌 구에서 다시 동洞-통統으로 내려가다가 마지막에는 각 통으로부터 몇 개의 반班을 선정한다. 대부분의 반에는 반장이 주민명부(표본명단)를 갖고 있기 때문에 선정된 각 반으로부터 미리 할당한 수만큼의 사례를 무작위 표집할 수 있다.

나. 비확률적 표집

비확률적 표집은 연구설계를 점검하기 위한 예비연구pilot study의 표본을 만들 때 사용된다. 예로서 설문조사 문항의 타당성을 확인하기 위해 주변에서 쉽게 확보할 수 있는 응답자들을 표집확률을 전혀 고려하지 않고 뽑는 **편의표집**convenience sampling,[190] 대학생·군인·생산근로자처럼 특정한 문항에 대해 서로 다른 반응을 보일 수 있다고 여겨지는 사례들을 임의로 선정하여 표본으로 삼는 **판정표집**judgemental sampling 등이 비확률적 표집방법에 속한다.

모집단 내 하위집단들의 구성비를 표본에 그대로 반영하기 위한 **할당표집**quota sampling 역시 비확률적 표집방법에 해당된다.[191] 예로서 어떤 대학 정치외교학과 학생들을 대상으로 설문조사를 실시하려 할 때, 출신지역·성별·부모의 소득이라는 측면에서 모집단이 어떻게

190_ 또는 우연적 표본accidental sample.

191_ Nachmias and Nachmias(1996), p. 185; McGaw and Watson(1976), pp. 356-357 참조.

구성되어 있는지 확인한 후 표본에 포함될 사례의 수를 각 특성별로 미리 할당하여 임의로 추출한다. 즉, '서울출신이고 남자이며 부모가 고소득자인 학생 5명' 등으로 사례(응답자)를 표집한다. 이러한 방법은 모집단이 나타내는 속성의 분포와 일치하도록 사례를 선정한다는 측면에서 층화표집방법과 유사하지만, 층화표집은 무작위 표집을 사용하는 반면 할당표집은 사례들을 임의적으로 추출한다는 점이 다르다.

(2) 표본의 규모

어떤 표집방법을 선택했다면 그 다음으로 표본의 규모를 결정해야 한다. 즉, 모집단의 특성을 제대로 추론하려면 얼마나 많은 수의 사례를 표본에 포함시켜야 할지 면밀히 따져보아야 한다. 표본의 규모는 '적어도 모집단의 1%'처럼 모집단에 대한 비율에 따라 결정된다고 생각하는 경우가 많다. 그러한 생각은 잘못된 것이다. 왜냐하면 모집단의 특정 비율만큼 표본의 규모를 잡는다 해서 표본의 대표성이 커지는 것은 아니며, 또 무조건 크다 해서 좋은 것도 아니기 때문이다. 표본의 규모는 **표집오차**(SE:sampling error)에 따라 결정된다. 모집단이 5,000명이든 5만 명이든 50만 명이든 상관없이 5%의 표집오차를 가지는 표본의 규모는 모두 400명으로 동일하다. 이처럼 표본의 크기는 모집단의 크기가 아니라 표집오차를 어느 정도 허용하느냐에 달려 있다.[192]

192_ Nachmias and Nachmias(1996), pp. 194-199 참조.

표집오차란[193] 표본의 특성이 모집단의 특성으로부터 벗어나는 정도를 지칭한다. 즉, 표집오차는 어떤 모집단으로부터 표본을 무수히 뽑아 각 표본의 평균을 계산하여 분포를 그려본다면 중심한계정리central limit theorem에 따라 정상분포normal distribution를 이루게 된다는 통계적 논리에 입각한 개념으로서, 표본평균들이 이러한 정상분포의 평균으로부터[194] 벗어나는 정도를 가리킨다.

<식 4-1> 표준편차를 이용한 표집오차 계산

$$SE_{x} = \pm 2 \frac{s}{\sqrt{n}}$$

SE_{x}: 표집오차
2: 95% 신뢰수준에서의 표준점수(1.96)의 근사치
s: 표본의 표준편차
n: 표본의 규모

그런데 실제 연구에 있어서는 모집단 평균을 알 수 없을 뿐만 아니라, 그로부터 표본을 뽑아 각각의 평균을 계산할 수도 없다. 왜냐하면 연구자가 갖고 있는 것은 단지 특정한 표집방법을 통해 뽑은 하나의 표본일 뿐이기 때문이다. 따라서 우리는 하나의 표본이 지니는 특성을 이용하여 무한한 수의 표본평균이 나타내는 특성을 추론할 수밖에 없으며, 이때 **표준편차**(S: standard deviation)가 사용된다. 즉, 표준편

193_ 또는 표준오차standard error.
194_ 즉 표본평균들의 평균.

차를 이용해 표집오차를 아래 〈식 4-1〉과 같이 추정한다.

이 식을 실제 연구에 사용할 수는 없다. 왜냐하면 표본의 규모(n)를 정하려면 표집오차와 표준편차의 값을 알아야 하는데, 이 값들은 역으로 표본의 크기에 따라 결정되기 때문이다. 따라서 표본평균을 이용하는 대신 모집단의 분산도를 통해 표집오차를 계산하는 경우가 많다(〈식 4-2〉 참조).195

<식 4-2> 비율을 이용한 표집오차 계산

$$SE_p = \pm 2\sqrt{\frac{p(1-p)}{n}}$$

SE_p: 표집오차 혹은 표준오차
2: 95% 신뢰수준에서의 표준점수(1.96)의 근사치
p(1-p): 모집단의 분산도
n: 표본의 규모

위 식에 포함된 p(1−p)는 모집단의 분산도로서 모집단의 이질성heterogeneity과 동질성homogeneity을 보여준다. 즉 p=0.5일 때 모집단의 이질성이 가장 크고[0.5×(1−0.5)=0.25], 이에 따라 표집오차 역시 커지게 된다. 여기에서 p는 모집단에서 어떤 상황이 나타날 확률을 지칭한다. 예로서 대학생들의 여당선호를 조사한다 할 때, p=0.5는 여당을 선호하는 학생들과 그렇지 않은 학생들이 각각 모집단의 50%를 차지하고 있다는 뜻이다(여당선호 50%, 여당비선호 50%). 따라서 이 값은 여당선호라는 측면에서 모집단이 최대한 이질적으로 구성되어

195_ McGaw and Watson(1976), pp. 363-368 참조.

있음을 보여준다. 반면 모든 학생이 여당을 선호한다면 p=1이 되어 모집단은 완전히 동질적이라고 말할 수 있다[1×(1-1)=0]. 이처럼 동질성이 증가할수록 표집오차는 당연히 줄어들게 된다.

그런데 분산도는 어디까지나 연구자가 추정하려는 모수母數[196]이기 때문에 모집단 속에서 실제로 어떤 상황이 발생할 것인지 정확히 알 수 없다. 이에 따라 표집오차를 쉽게 추정할 수 있도록 모집단의 분산 정도가 최대가 되는 p=0.5를 가정한다. 즉, 표본이 400명이고, 95% 신뢰수준에서 모집단의 분산이 p=0.5일 때 표집오차는 다음과 같이 ±5%로 측정된다.

$$SE_p = \pm 2\sqrt{\frac{(0.5)(0.5)}{400}} = \pm 2\left(\frac{0.5}{20}\right) = \pm 2(0.25) = \pm 0.05,$$

즉 ±5%

이처럼 계산된 표집오차를 통해 표본의 크기를 정할 수 있다(〈식 4-3〉 참조).

물론 표집오차가 줄어들수록 모집단의 동질성이 증가함에 따라 모집단의 특성을 추론함에 있어서 오류를 피할 수 있다. 그러나 표집오차를 줄이면 줄일수록 표본의 크기가 엄청나게 확대된다는 문제가 있다. 예로서 표집오차를 10%에서 5%로 절반 정도 줄이려면 표본의 크기를 4배나 확대해야 한다. 이처럼 표본의 규모를 무조건 늘릴 수는 없기 때문에 실제 연구에 있어서는 일정한 표집오차를 상정하고 그에

196_ 모집단의 특성population parameters.

따라 표본의 적정 규모를 계산한다. 즉, 사회과학(정치학)연구에서는 **95%의 신뢰수준에서 ±3%정도의 표집오차**를 허용하는 경우가 많다. 이에 따라 표본의 규모를 계산하면, $1/(0.03)^2=1,111$이 된다. 표본의 크기는 〈표 4-1〉과 같다.

<식 4-3> 표본의 규모

$$n = \frac{1}{SEp^{2}}$$

SE_p: 표집오차 혹은 표준오차

n: 표본의 규모

<표 4-1> 표집오차에 따른 표본의 크기

표집오차Sampling Error	**표본의 크기**Sample Size
1%	10,000
2%	2,500
3%	1,111
4%	625
5%	400
6%	278
7%	204
8%	156
9%	124
10%	100

* 95% 신뢰수준(Z=2)에서 p=0.5로 가정한 단순무작위 표집을 이용한 경우임.

6) 관측방법

관측observation이란 모형을 구성하고 있는 변인들의 조작정의에 따라 자료를 모으는 작업을 지칭하며, 연구설계는 어떠한 관측방법을 사용할 것인지 명백히 밝혀야 한다. 정치학연구에서 사용되는 관측방법은 **자극적 관측방법**obtrusive approaches과 **비자극적 관측방법**unobtrusive approaches으로 나누어진다.[197]

(1) 자극적 관측방법

자극적 관측방법은 관측행위가 관측대상에게 자극을 줄 수밖에 없음에 따라 관측결과의 신뢰성이 떨어질 위험성이 있는 방법을 말한다. 즉, 이러한 방법을 사용하면 관측대상이 본래의 모습을 감추거나 바꿀 가능성이 있다. 가장 대표적인 자극적 관측방법으로는 **설문조사**survey research와 **참여관측**participant observation을 들 수 있다.

가. 설문조사

설문조사는 개인이나 집단의 정치적 정향, 즉 태도·가치·신념·행위의도 등을 파악하기 위한 연구에 사용되며, "모집단을 대표하는 표본을 면담하여 표준화된 자료를 얻는 방법"으로 정의된다.[198] 즉,

---

197_ Manheim, Rich, and Willnat(2002), pp. 332-333.

연구목적에 따라 적절히 구축된 **문항**questionnaires에 대한 응답자들의 반응에 근거해 이들의 정치적 정향을 추론하기 위한 관측방법으로서, 응답자가 문항에 대한 답을 스스로 작성하는 **자가작성법**과 훈련받은 면접원에 의해 수행되는 **면접조사법**으로 나누어진다.

설문조사는 두 가지 가정에 기초하고 있다. 첫 번째는 본 절의 5항 '모집단과 표본'에서 말한 것처럼 모집단의 특성과 표본특성이 일치할 것이라는 가정, 즉 표본이 대표성을 지녔다는 가정이다. 이러한 가정을 받아들일 수 없다면 관측결과를 신뢰할 수 없기 때문에 연구 상황에 따라 확률적 표집이나 비확률적 표집 등 적절한 표집방식을 선택하여 표본의 대표성을 확보한다. 두 번째 가정은 문항에 대한 응답이 응답자가 지닌 태도를 액면 그대로 반영한다는 가정이다. 물론 설문조사가 본질적으로 자극적 관측방법이기 때문에 응답의 신뢰성을 완벽하게 확보할 수는 없다. 따라서 문항의 내용, 유형(폐쇄형 문항/개방형 문항), 배열순서 등을 적절히 조정하여 가능한 한 '솔직한 응답'을 유도해야 한다.

나. 참여관측

참여관측은 연구자가 어떤 사회집단에 침투해 그 속에서 발생하는 현상의 의미, 본질, 생성경로 등을 직접 관측하는 **현장조사**field research

---

198_ McGaw and Watson. 1976. "A method of collecting standardized information by interviewing a sample representative of some population." p. 343. 설문조사의 목적, 유형, 절차와 표집방법에 관해서는 이남영 · 최진욱. "설문조사방법." 김웅진 외(2001), pp. 162-202; Manheim, Rich, and Willnat(2002), pp. 120-147; Schutt(1996), pp. 263-309 등에 잘 요약되어 있음.

이다.[199] 예로서 국회의원 선거운동에 적극적으로 참여하여 득표전략이 만들어지는 과정이나 선거운동원들의 상호작용 등을 직접 관측할 수 있다. 이 관측방법은 과학적으로 표준화된 절차가 없다는 단점이 있지만, '살아 있는 자료'를 획득할 수 있다는 장점 역시 갖고 있다.

참여관측의 유형은 **완전관측**complete observation과 **완전참여**complete participation로 구분된다. 완전관측은 방관자로서 참여하는 방식, 즉 현장에 뛰어들어 단지 관측만 하는 방식이며, 완전참여는 연구자가 신분을 감추고 연구대상집단의 일원이 되어 집단 속에서 전개되는 사회적 역동에 적극적으로 참여하는 방식이다.[200]

참여관측은 두 가지 문제를 갖고 있다. 첫째, 완전참여방식을 택할 경우 관측자가 연구대상집단에 대한 소속감을 갖게 됨으로써 감정이입empathy에 빠질 가능성이 있고, 이에 따라 관측결과의 신뢰성을 유지하기 어렵다. 둘째, 감정이입을 피하기 위해 완전관측방식을 사용한다면 관측자의 편견이 관측과정에 개입될 위험성이 있다.[201] 예컨대 아프리카의 오지奧地에 사는 종족처럼 사회문화적으로 이질적인 집단을 관측할 때 관측결과의 객관성을 유지하기란 결코 쉽지 않다. 참여관측도 설문조사와 마찬가지로 관측대상에게 관측작업이 노출되어 반작용을 초래할 가능성이 있기 때문에 자극적 관측의 범주에 포함된다.

199_ 참여관측의 논리와 상세한 수행방식에 대해서는 정영국. "참여관찰." 김웅진 외(2001), pp. 117-159; Nachmias and Nachmias(1996), pp. 282-294; Schutt(1996), pp. 317-324 등을 참조할 것.

200_ 따라서 이러한 관측방식을 비밀관측covert observation이라 부르기도 한다. Schutt(1996), p. 320.

201_ McGaw and Watson(1976), p. 392.

(2) 비자극적 관측방법

비자극적 관측방법은 말 그대로 관측행위가 관측대상에게 아무런 영향을 주지 않는 방법을 지칭하며, **집적통계자료**aggregate data **추출**과 **내용분석**content analysis 등 두 가지 방법이 주로 사용된다.

가. 집적통계자료 추출

국가기관, 연구기관, IMF와 같은 국제기구에 의해 체계적으로 축적된 **센서스 자료**census data, **사건통계자료**event statistics, **국가계정통계자료**national account statistics 등으로부터 필요한 자료를 뽑거나 재구성하는 간접적 관측방법이다. 집적통계자료를 사용할 때에는 각 기관 별로 자료를 축적·제시하는 방식이 서로 다르기 때문에 어떤 형태의 자료가 연구에 가장 적합한가를 결정해야 한다. 또한 북한의 통계자료와 같이 생산자가 정치적 목적에 따라 의도적으로 자료를 왜곡할 가능성이 있다는 점에 유의해야 한다.

나. 내용분석

내용분석은 저서·편지·비망록·공문서에 담긴 **활자 메시지**printed messages나 연설·담화·선언처럼 텔레비전, 라디오, 인터넷 등을 통해 전달된 **전파 메시지**electronic messages를 분석해 메시지 생산자의 가치정향과 행위정향을 간접적으로 관측하는 방법이다.[202]

202_ 내용분석의 자세한 절차에 관해서는 김종표. "내용분석." 김웅진 외

내용분석은 ① 분석대상 메시지의 선정과 표본추출, ② 분석단위 설정, ③ 범주사전範疇辭典 구축, ④ 자료 코딩과 분석 등 네 단계에 걸쳐 진행된다. 예를 들어 고故 김대중 대통령이 국정운영에 있어서 어떤 측면에 힘을 기울이려 했는가를 파악하기 위해 '대통령 취임연설문'을 분석대상 메시지로 선정한 후, 용어words를 분석단위로 채택한다.**203** 이처럼 분석대상과 분석단위가 확정되면 민주정치·경제성장·사회복지·국방안보·통일 등 다섯 가지의 범주로 구성된 사전을 만든다. 다음으로 취임연설문에 들어있는 주요 용어들이 어느 범주에 속하는가를 정하고, 각 용어의 출현빈도를 범주별로 추적한다. 마지막으로 각 범주에 속한 용어들의 출현빈도를 단순히 합하거나 아니면 용어에 따라 가중치를 두어 더함으로써 다섯 범주의 값을 각기 계산한다. 이렇게 했을 때 '통일' 범주의 값이 다른 범주의 값보다 월등히 크다면 김대중 대통령이 특히 이 분야에 중점을 두어 국정을 운영하겠다는 신념을 갖고 있었다고 추론할 수 있다.

내용분석에 있어서 특히 유의해야 할 점은 메시지의 내용이 지닐 수 있는 이중성이다. 즉, 어떤 용어는 표재적 의미manifest content와 잠재적 의미latent content를 동시에 갖고 있을 수 있다.**204** 예로서 조선로동당의 기관지 『로동신문』의 사설에 '핵무장'이라는 용어가 자주 나타난다 해서 북한이 6자회담에 절대로 복귀하지 않겠다는 입장을 표명한 것이라고 함부로 단정해서는 안 된다.

(2001), pp. 203-273; 안준호·김태식. "부록: 대통령 취임연설문 내용분석." 김웅진 외(2001), pp. 277-314; Weber, R. 1985. *Basic Content Analysis*. Newbury Park, CA: Sage 등을 참조할 것.

203_ 분석단위로는 용어 이외에도 구, 문장, 더 나아가 주제themes까지도 선택될 수 있다.

204_ Babbie(2004), p. 319.

7) 모형검증방법: 계량분석기법의 유형

마지막으로 모형이나 가설을 검증하기 위해 어떤 자료분석기법data analysis techniques을 사용할 것인가를 명백히 밝혀야 한다. 자료분석기법은 가설의 내용과 사용자료의 성격에 따라 적절히 선정된다. 즉, 작동변인들 간의 관계가 인과관계인가 단순한 상호관계association인가, 그리고 사용자료가 범주형 자료인가[205] 연속형 자료인가에[206] 따라 분석기법이 달라진다. 정치학연구에 사용되는 자료분석기법에는 여러 가지가 있으나, 경험과학연구는 주로 계량분석기법을 통해 이루어진다.

계량분석기법은 변인의 개별적 존재양상 내지는 변인들 간의 관계를 계량통계적으로 서술statistical description하거나 추론statistical inference하려는 목적을 갖고 있다. 여기에서는 기본적인 계량분석기법만을 검증하려는 가설(가설모형)의 유형에 따라 요약해보기로 한다.[207]

(1) 단일변인형 가설의 검증기법

단일변인형 가설univariate hypothesis은 한 개의 변인이 특정한 속성을

205_ 명목척도나 순위척도로 만들어진 자료.

206_ 정량척도, 즉 비율척도나 등간척도로 만들어진 자료.

207_ 최근 사회과학 연구에 사용되는 계량분석기법에 관한 다양한 입문서들과 SPSS(Statistical Package for the Social Sciences) 등 PC를 이용해 이들을 실제 연구에 쉽게 적용할 수 있도록 하는 전산 패키지에 대한 수많은 안내서들이 출간되고 있다. 따라서 이 책에서는 계량분석기법의 유형만을 간략히 소개하는 것에 그치기로 한다.

가질 것이라는 기대를 담고 있다.[208] 따라서 이러한 가설을 검증하기 위해서는 변인이 나타내는 통계적 독특성을 추적해서 가설이 상정하고 있는 특정한 속성과 일치하는가를 판정해야 한다.

어떤 변인이 갖는 통계적 독특성을 서술하는 방법으로는 평균mean, 중앙값median, 최대빈도수mode 등을 측정하는 **중심집중치측정법**measures of central tendency을 사용한다. 그런데 중심집중치만으로는 가설을 검증하기에 충분하다고 말할 수 없으며, 자료의 전반적 분포양상이 평균을 중심으로 얼마나 분산되는가를 판정하기 위해 변량variance이나 표준편차standard deviation를 측정해야 한다(**분산측정법**measures of dispersion).[209] 예로서 표준편차는 자료들이 평균으로부터 얼마나 멀리 혹은 가까이 펼쳐져 있는가를 알려줌으로써 통계적 동질성과 이질성을 판정할 수 있도록 한다. 예를 들어 '이명박 대통령을 지지하는 사람들의 연령층은 중년층'이라는 가설을 검증한다 하자. 지지자들 가운데 3,000명을 무작위 표본으로 선정해 나이의 평균을 계산한 결과 '중년'에 해당되는 45세였다고 할 때, 이것만으로는 가설을 명확히 판정할 수 없다. 왜냐하면 표준편차가 크다면(예를 들어 s=10) 응답자들의 나이가 평균 45세를 중심으로 광범위하게 분산되었다고 할 수 있으며, 따라서 노무현 대통령의 지지자들은 아주 젊은 층으로부터 노년층에 이르기까지 연령의 측면에서 매우 이질적이라고 보아야 하기 때문이다. 또한 표준편차가 아주 작게 나왔다 해도 표본이 대표성을 갖지 못한다면, 다시 말해서 표본의 통계적 특성과 모집단의 통계적 특성이 서로 다르다면 가설을 받아들일 수 없다. 따라서 표본특성과 모집단특성의 근접 여부를 표본

208_ 물론 단일변인형 가설은 1장 2절 '이론의 유형'에서 소개한 단일변인형 이론을 만들기 위해 검증된다.

209_ 이러한 기법의 논리와 SPSS PC를 이용한 적용절차에 관해서는 김홍규. 1997. 『사회과학통계분석 SPSS for Windows』. 서울: 나남 참조.

평균sample mean과 모집단평균population mean의 차이를 통해 추론하기 위한 *T*-검증*T*-test과 같은 **추론통계기법**을 추가로 적용할 필요가 있다.

(2) 다변인형 가설의 검증기법

둘 이상의 변인 사이에 특정한 관계가 형성될 것이라는 다변인형 가설multivariate hypothesis은 **상호관계측정법**measures of associations이나 **회귀분석**을 통해 검증된다. 이러한 기법들은 가설을 구성하고 변인들 간의 관계가 단순한 상호관계인가 혹은 인과성을 함축한 상관관계인가에 따라, 그리고 변량을 측정하기 위해 어떤 척도를 사용하는가(명목척도－순위척도－정량척도)에 따라 선택적으로 사용되는데, 대개 '전혀 관계없음'을 의미하는 0으로부터 '완전한 관계'를 지칭하는 ±1까지의 구간에서 실제로 측정된 계수 값이 차지하는 위치에 따라 가설을 판정한다.

상호관계측정법은 변인들 사이의 상호관계 양상을 도식화한 유관표를 기초로 명목척도들 간의 관계를 측정해주는 **람다** λ, 순위척도들 간의 관계를 측정하기 위한 **감마** γ, **타우**Tau 등과 아울러, 관계의 존재 여부만을 판정해 주는 추론통계기법 **카이자승 검정** χ^2-test을 포함한다.[210] 특히 감마나 타우는 정(+) 또는 부(－)의 값을 갖기 때문에 관계의 심도뿐만 아니라 정관계나 역관계와 같은 관계의 방향까지도 보여준다.

단순회귀분석, **중다회귀분석**과 같은 기본형으로부터 **로짓·프로빗**

210_ Blalock, H. 1972. *Social Statistics*. New York: McGraw-Hill, Chapters 14, 15; 김홍규(1997), pp. 121–143 참조.

분석 등 고도의 기법까지 포함하는 회귀분석은 정량척도로 구성된 변인들 사이에 선형적linear 혹은 비선형적non-linear 공변관계가 존재한다는 가설을 검증하는 기법이다. 즉, 회귀분석은 회귀계수(b)·상관계수(R)·결정계수(R^2)처럼 공변관계의 형상과 방향을 보여주는 계수값과 모형의 통계적 유의성statistical significance을 추정해 주는 F 값을 해석함으로써 변인들 간에 일정한 공변양상을 상정한 회귀모형regression model을211 검증한다.212

이와 아울러 일정한 독립변인의 처치효과에 따라 3개 이상의 집단이 나타내는 평균차를 추정하기 위한 **변량분석**ANOVA: analysis of variance, 변인들이 함축하고 있는 공통성을 상관관계의 지속적 추적을 통해 도출함으로써 이들을 몇 개의 인자로 묶기 위한 **인자분석**factor analysis 역시 자주 사용되는 다변인형 가설의 검증기법에 속한다.213

211_ 또는 회귀방정식regression equation.

212_ 회귀분석의 기본가정과 논리 및 SPSS PC를 통한 적용절차에 관해서는 구자라티[Gujarati, D., 안충영·홍성표·박완규 공역]. 2000. 『기초계량경제학』. 서울: 진영사, 서론–제17장; Achen, C. 1982. *Interpreting and Using Regression, Quantitative Applications in the Social Sciences* 29. Beverly Hills, CA: Sage; Borooah, V. 2002. *Logit and Probit, Ordered and Multinomial Models, Quantitative Applications in the Social Sciences* 138. Thousand Oaks, CA: Sage; Ostrom(1978); 김흥규(1997), pp. 229–319 등을 참조할 것.

213_ Iverson, G. and Norpoth, H. 1976. *Analysis of Variance, Quantitative Applications in the Social Sciences* 1. Beverly Hills, CA: Sage; Kim, J. and Mueller, C. 1978. *Factor Analysis, Quantitative Applications in the Social Science* 14. Beverly Hills, CA: Sage 등이 이와 같은 통계분석 방법의 논리를 체계적으로 소개하고 있음.

● 주요 용어

내생적 요인 intrinsic factors	실험연구에 있어서 분석대상이나 관측·측정방법의 변화, 또는 관측행위 자체에 대한 반작용 등 연구가 진행되는 과정에서 나타나는 분석결과의 왜곡요인. 외생적 요인 참조.
내용분석 content analysis	저서, 편지 등에 담긴 활자 메시지나 연설, 담화 등 전파 메시지를 분석해 그것을 생산한 주체의 가치정향과 행위정향을 간접적으로 관측하는 방법.
내적 타당성 internal validity	설명변인들이 실제로 종속변인의 변이를 초래할 때 확보되는 모형의 적실성.
모집단 population	연구대상이 되는 모든 사례의 집합체.
분산측정법 measures of dispersion	자료의 전반적 분포양상이 평균을 중심으로 얼마나 분산되어 있는가를 보여주는 변량이나 표준편차를 측정하는 계량분석기법.
분석단위 unit of analysis	연구대상의 기본적 구성단위.
분할오류 fallacy of division	높은 수준의 분석단위에 대한 관측결과를 근거로 그보다 낮은 수준에 놓여 있는 분석단위의 성격을 함부로 추론하는 오류. 생태오류로 불리기도 함. 합성오류 참조.

비자극적 관측방법
unobtrusive approach

관측행위가 관측대상에게 아무런 영향을 주지 않는 방법으로, 집적통계자료추출과 내용분석 등을 포함함. 자극적 관측방법 참조.

비확률적 표집
nonprobability sampling

연구설계를 점검하기 위한 예비연구에 사용될 표본을 표집확률을 전혀 고려하지 않고 추출하는 방법. 확률적 표집 참조.

- **편의표집**
  convenience sampling

  주변에서 쉽게 확보할 수 있는 응답자들을 적절히 뽑는 표집방법.

- **판정표집**
  judgemental sampling

  대학생, 군인, 생산근로자처럼 특정한 문항에 대해서로 다른 반응을 보일 수 있다고 여겨지는 사례들을 임의로 선정하는 표집방법.

- **할당표집**
  quota sampling

  모집단 내 하위집단의 구성비가 표본에 그대로 반영되도록 사례를 할당하여 추출하는 표집방법.

상호관계측정법
measures of association

교차분석표에 입각하여 두 개의 분류척도 혹은 순위척도 사이에 나타나는 상호관계의 방향과 심도를 측정하는 통계분석기법. 람다 λ, 감마 Υ 등을 포함함.

설문조사
survey research

개인이나 집단의 태도정향과 행위정향을 파악하기 위해 모집단을 대표하는 표본을 면담하여 표준화된 자료를 얻는 자극적 관측방법.

실험집단
experimental group

실험연구에 있어서 일정한 자극(독립변인의 영향력)에 노출되는 집단. 통제집단 참조.

연구설계
research design

과학적 연구를 진행하기 위한 일단의 작업지침으로서, ① 연구문제, ② 분석모형, ③ 분석의 시간적·공간적 범주, ④ 개념화와 조작정의, ⑤ 모집단과 표본, ⑥ 관측방법, ⑦ 모형(가설)검증방법 등 일곱 가지 항목으로 구성됨.

외생적 요인
extrinsic factors

실험연구에 있어서 실험집단과 통제집단에 이질적 인자들이 포함되도록 함으로써 분석결과의 왜곡을 초래하는 요인. 내생적 요인 참조.

자극적 관측방법
obtrusive approach

관측대상에게 자극을 줄 수밖에 없음에 따라 관측결과의 신뢰성이 훼손될 위험성이 있는 관측방법. 설문조사와 참여관측 등을 포함함. 비자극적 관측방법 참조.

종단분석
longitudinal studies

변인 자체나 변인들 간의 관계를 일정한 시간적 연장선을 따라 역동적으로 추적하는 연구. 통시적 분석 또는 시계열 분석으로 불림. 횡단분석 참조.

▸ **코호트분석**
cohort studies

같은 종류의 집단(동종집단)이 나타내는 시간적 변모양상을 파악하려는 연구로서 주로 설문조사에 사용됨.

▸ **패널분석** panel studies	동일한 집단의 인식, 태도, 혹은 행위를 둘 이상의 시점에서 관측하여 그 시간적 변화양상을 추적하려는 연구.
▸ **추세분석** trend studies	연구대상의 변화양상을 일정한 시간대 속에서 연속적으로 추적하는 연구.
중심집중치측정법 measures of central tendency	평균, 중앙값, 최대빈도수 등 하나의 변인이 갖는 통계적 독특성을 측정하는 계량통계분석기법.
집적통계자료 추출	센서스 자료, 사건통계자료 등 국가기관, 연구기관이나 국제기구에 의해 체계적으로 축적된 자료들 가운데에서 필요한 자료를 뽑거나 재구성하는 간접적 관측방법.
짝짓기 matching	실험연구에 있어서 실험집단과 통제집단을 외생적 요인의 측면에서 완전히 일치시키는 통제방법. 정밀일치법과 중심집중치 일치법 등 두 가지가 있음.
참여관측 participant observation	어떤 사회집단에 침투해 그 속에서 발생하는 현상의 의미, 본질, 생성경로 등을 직접 관측하는 현장조사.
▸ **완전관측** complete observation	현장에 뛰어들어 방관자로서 관측하는 방법.
▸ **완전참여** complete participation	연구목적과 신분을 감추고 어떤 집단 속에서 전개되는 사회적 역동에 적극적으로 참여하여 관측하는 방법.

총체론(신비론)
holism

총체는 개체의 단순한 집합 그 이상이라고 보는 입장. 즉, 총체의 속성은 개체의 속성, 개체와 개체 간의 관계가 나타내는 속성, 그리고 개체와 총체 사이의 관계가 갖는 속성을 모두 포함한다고 봄. 환원론 참조.

탐색형 연구
explorative research

이론적 근거가 부족한 상황에서 새로운 모형이나 이론을 도출하기 위한 연구. 확증형 연구 참조.

통제
control

모형 내 인과경로에 대한 외부요인의 영향력이 일정 수준에서 고정되거나 상쇄되도록 만들어 독립변인-종속변인 간의 관계를 이들로부터 격리시키는 작업.

통제집단
control group

실험연구에 있어서 일정한 자극에 노출되는 실험집단과의 비교를 위해 아무런 처치도 받지 않는 집단. 실험집단 참조.

표집오차
SE: sampling error

표본의 특성이 모집단의 특성으로부터 벗어나는 정도. 표본규모를 정하는 통계적 기준으로 사용됨.

합성오류
fallacy of composition

총체의 속성은 개체의 속성을 그대로 반영한다고 함부로 추론하는 오류. 분할오류 참조.

확증형 연구
confirmatory research

기존 이론이나 모형을 새로운 사례에 적용함으로써 그 설명력을 점검하는 연구. 탐색형 연구 참조.

확률적 표집
probability sampling

모집단의 모든 구성단위가 일정한 확률에 따라 표본으로 뽑힐 수 있도록 만드는 표집방법. 비확률적 표집 참조.

▸ **단순무작위 표집**
simple random sampling

표본명단을 갖고 있을 때 모집단에 속한 모든 사례들이 동일한 표집확률을 갖도록 만드는 표집방법.

▸ **체계적 표집**
systematic sampling

표본명단을 갖고 있을 때 명단의 어떤 지점으로부터 일정한 간격에 따라 사례들을 선정하는 표집방법.

▸ **층화표집**
stratified sampling

모집단이 여러 개의 의미 있는 하위집단을 포함하고 있을 때, 표본에 이러한 집단의 구성비가 반영될 수 있도록 하는 표집방법.

▸ **군락표집**
cluster sampling

표본명단이 없을 때 단순무작위 표집의 논리를 적용하기 위한 방법으로서, 모집단을 분할할 수 있는 군락을 선택한 다음 가장 큰 군락단위로부터 가장 작은 군락단위로 좁혀 들어가면서 일정수의 사례를 차례로 무작위 표집하는 방법.

회귀분석
regression

정량척도들 사이의 선형적·비선형적 공변관계를 추적하기 위한 계량통계분석기법으로서, 중다회귀분석, 시계열 회귀분석, 로짓 · 프로빗LOGIT · PROBIT 회귀분석 등 다양한 유형을 포함함.

환원론
reductionism

총체란 개체의 총합에 불과하다고 보는 입장. 총체론 참조.

횡단분석
cross-sectional studies

분석단위가 동일한 시점에서 나타내는 공간적 분산양상을 추적하는 연구. 종단분석 참조.

▶ **교차사례분석**
cross-cases analysis

둘 이상의 사례들을 대상으로 가설을 검증하는 횡단분석의 유형.

▶ **사례분석**
case study

하나의 사례를 집중적으로 연구하는 횡단분석의 유형. 이론(모형)의 설명력을 확인하거나 개념정의에 필요한 정보를 얻기 위한 교도적 사례분석, 보편적 사례들과 크게 다른 사례를 집중 분석하여 이론(모형)의 도출과정에서 누락된 변인들을 발견하거나 변인의 조작정의를 재검토하기 위한 임상사례분석 등으로 나누어짐.

▌5장▐

실제 연구의 진행과정: 내각안정성 결정모형

마지막으로 저자들 중 한 사람이 실제로 수행한 연구를 앞서 살펴본 연구설계에 따라 요약・소개하기로 한다.

즉, ① 연구문제와 분석모형의 구축, ② 사용개념의 조작정의와 관측방법 및 연구표본 선정, ③ 관측과 모형검증 ④ 검증결과의 판정과 새로운 연구문제 제시 등의 네 단계에 걸쳐 각기 어떤 작업이 이루어졌는지 살펴봄으로써 경험과학적 정치학연구의 진행과정을 이해하는 데 도움을 얻을 수 있을 것이다.

1. 연구단계 I: 연구문제와 분석모형의 구축

1) 연구문제

모든 국가는 행정부를 갖고 있으며, 행정부의 핵심은 바로 내각cabinet이라고 말할 수 있다. 그런데 어떤 국가의 내각은 오랫동안 안정적으로 유지되는 반면 어떤 국가의 내각은 수시로 바뀌는 등 매우 불안정한 모습을 보이기도 한다. 이처럼 내각의 안정성이 국가와 정치체제에 따라 변이를 나타낸다는 사실은 정치학연구에 있어서 매우 중요한 의미를 지닌다. 왜냐하면 내각의 안정성cabinet stability은 곧 정치체제 자체의 안정성을 나타내는 척도가 되기 때문이다. 즉, 내각은 권력구조와 정치제도를 불문하고 국가공공정책의 수립 및 집행이라는 맥락에서 통치권을 구체적으로 실현하는 주체라고 볼 수 있다. 따라서 내각의 안정성은 통치구조의 안정성, 더 나아가 정치체제의 안정성과 직결된다고 말할 수 있다. 그렇다면 이처럼 **내각안정성이 국가에 따라 달리 표출되는 상황을 무엇으로 설명**할 수 있는가? 바꾸어 말해서 내각안정성을 결정하는 요인들에는 어떤 것들이 있는가?

이와 같은 연구는 이미 광범위하게 이루어져 왔으며, 그 결과 다양한 내각안정성의 결정모형들이 제시되었다. 그러나 기존의 연구들은 대부분 의회제(의원내각제) 국가들을 대상으로 하고 있으며, 대통령제 국가에서 표출되는 내각안정성에 관한 연구는 거의 수행되지 않았다. 여기에서 시도하려는 연구는 **대통령제 국가**들을 대상으로 한다. 따라서 유사한 연구들이 없기 때문에 의원내각제 국가들의 내각안정성 모형을 원용하여 이를 새로운 연구상황에 적용하여 보기로 한다. 즉, 이 연구는 **확증형 연구이자 동시에 탐색형 연구**의 성격을 지닌다.

2) 분석모형

이 연구를 통해 검증될 가설모형은 아래 〈그림 5-1〉과 같이 1개의 종속변인과 5개의 설명변인(독립변인)들로 구성된다.

<그림 5-1> 대통령제 하에서의 내각안정성 결정모형

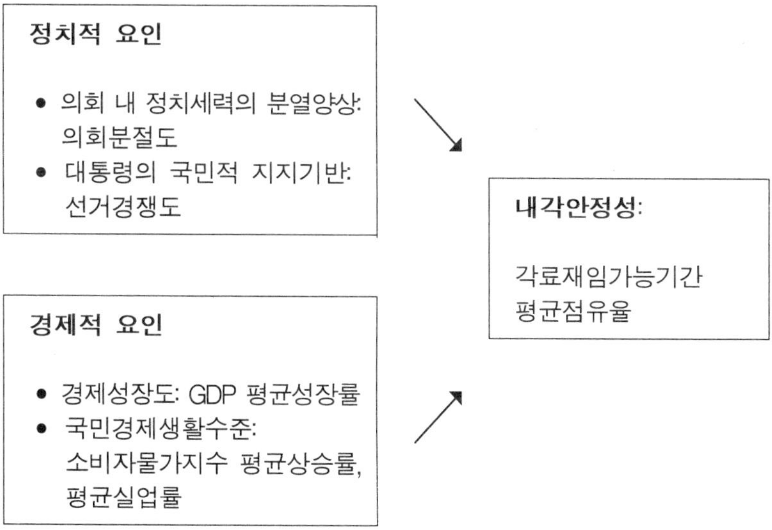

즉, 종속변인으로서 **내각안정성**을 상정하고, 이러한 내각안정성의

수준을 결정하는 요인으로서 2개의 정치적 변인과 3개의 경제적 변인을 상정하였다.

정치적 변인으로는 **의회 내 정치세력의 분열양상**과 **대통령의 국민적 지지기반**을 나타내는 2개의 변인을 선택했으며, 경제적 변인은 **경제성장도**와 **국민경제생활수준**을 측정하기 위한 3개의 변인으로 구성된다. 독립변인들과 종속변인 간의 관계양상은 정치적 변인과 내각안정성, 경제적 변인과 내각안정성 사이의 상호독립적 · 개별적 인과관계를 나타내는 두 개의 **직접경로**로 이루어져 있다.

3) 분석의 시간적 · 공간적 범주

이 연구는 공간적 범주의 측면에서 대통령제를 채택하고 있는 21개 국가를 대상으로 한 교차사례분석, 즉 **교차국가연구**cross-national studies의 형식을 택한다. 그리고 연구의 시간적 범주는 연구의 시작점인 **1998년 4월 현재 현직 대통령의 집권기간으로 하되, 집권기간이 2년 미만일 경우에는 직전 대통령의 집권기간**으로 설정한다.

2. 연구단계 II: 개념화와 관측방법 및 연구표본의 선정

1) 개념화와 조작정의

(1) 종속변인: 내각안정성

대부분의 기존 연구는 내각안정성의 수준을 내각이 얼마나 오래 유지되었는가라는 시간적 지속성durability으로 측정해 왔다. 이 연구에서도 역시 내각안정성의 수준을 **존속기간**으로 측정한다. 즉, 존속기간이 다른 내각에 비해 긴 내각은 상대적으로 더 안정적이라고 본다.

그런데 의회제 국가를 연구대상으로 할 때에는 내각의 존속기간 혹은 임기잔존비율[214] 등을 측정지표로 사용해도 무방하나, 대통령제 국가의 경우에는 대통령의 임기가 고정되어 있기 때문에 이 지표들을 그대로 수용하기 어렵다. 또한 어느 정도의 개각을 변동으로 간주할 수 있는가라는 문제(각료교체의 폭 문제)와 더불어, 어떤 각료가 왜 교체되었는가를 따져보아야 하는 문제(각료교체의 성격 문제)가 있다. 물론 내각안정성을 정책수행상의 효율성의 상실, 즉 각료의 교체

214_ 재임기간/재임할 수 있는 남은 기간. 예로서, 만일 의회의 임기가 3년이라면 3년 동안 재임한 내각은 100%의 등급을 부여받는다. 또 의회 임기 4년 중 마지막 3년 동안 재임하였다면 그것 역시 100%의 등급을 판정 받는다. 그러나 같은 3년 동안 재임하였더라도, 4년 임기의 내각이 처음 3년 동안만 재임하였다면, 75%의 잔존비율만을 가진다. Lijphart, A. 1984. "Measures of Cabinet Durability: A Conceptual and Empirical Evaluation." *Comparative Political Studies* 17, pp. 255-266.

로 인해 야기될 수 있는 부처업무의 지속성 상실이라는 측면에서 본다면, 교체의 성격을 불문하고 모든 교체사례를 고려해 개별 각료의 교체횟수(교체된 각료의 수) 내지 각료들의 평균재임기간 등을 지표로 사용하는 것이 보다 큰 측정타당성을 보장해줄 수 있을 것이다.

그러나 이러한 지표는 한 개의 국가를 대상으로 한 사례분석에는 무리 없이 적용될 수 있지만, 교차국가연구의 경우에는 비교사례에 따라 헌법에 규정된 대통령의 임기가 다르기 때문에 비교지표[215]로서의 타당성을 잃게 될 가능성이 크다. 따라서 대통령제 국가의 내각안정성 측정은 사례별로 규정된 대통령의 임기 내에 교체된 각료수 혹은 대통령 임기 내 각료들의 평균재임기간 등의 지표를 사용하는 것이 보다 타당할 것이다.

<식 5-1> 내각안정성 측정지표

CS = (NOCM/NOCM + NCCM) × 100

- CS: 각료재임가능기간 평균점유율(%)
- NOCM: 대통령이 최초로 구성된 내각의 각료 수
- NCCM: 대통령의 집권기간 중 교체된 각료 수

215_ 이는 비교정치연구 · 비교지역연구에 있어서 교차사례적으로 적용될 수 있는 지표, 즉 동일지표identical measures나 등가지표equivalent measures를 말한다. 김지희. 2005. "경험과학적 지역연구모형에 있어서 등가지표의 추적: 방법론적 전략." 『비교민주주의연구』 제1집 1호, pp. 5-22 참조.

물론 이와 같은 지표들 역시 내각을 구성하는 주무직책portfolio의 수가 국가에 따라 다르다는 문제점에 부딪힌다. 이러한 여러 가지 문제점들을 고려하여 집권기간과 주무직책의 수가 상이한 국가들을 비교할 수 있는 측정지표를 아래와 같이 구축했다.

이 측정지표는 어떤 대통령이 최초로 구성한 내각의 각료 수를 그 대통령의 집권기간 동안 존재했던 총 각료 수(최초의 각료 수+교체된 각료 수)로 나눈 값, 즉 각료의 교체 수를 근거로 산출한 각료들의 **재임가능기간 평균점유율(%)**을 보여준다.216

(2) 독립변인: 정치적 요인과 경제적 요인

가. 정치적 요인

① 의회 내 정치세력의 분열양상: 의회분절도

의회 내 세력배분양상이 내각안정성에 미치는 영향은 특히 의원제의 경우에 매우 강하게 나타난다. 즉, 의회제에서는 권력구도의 성격상 의회와 내각이 높은 수준의 상호의존성을 가질 수밖에 없다. 그러나 포우엘B. Powell은 의회제이든 대통령제이든 의회 내 다수세력의 확보 여부가 행정부의 안정성과 강한 정방향의 상관관계를 갖는다는 경

216_ 예를 들어 대통령 취임 당시 최초로 임명된 각료들이 대통령의 집권기간을 통해 한 명도 교체되지 않았다면 각료들이 재임가능기간의 100%를 채운 것이고, 최초로 임명된 각료가 12명, 교체된 각료들의 수가 8명이라면 각료들이 재임가능기간의 평균 60%를 채운 셈이 된다.

험적 근거를 제시하고 있다.217 또한 스테판A. Stepan과 스카치C. Skach에 따르면, 대통령제 국가에서는 대통령과 의회가 모두 안정적 임기를 갖고 있을 뿐 아니라 개별적인 선거에 의해 정당성을 부여받지만, 바로 이러한 이중적 정당성 때문에 대통령이 의회의 지지를 받지 못할 때 대통령-의회 관계가 교착상태에 빠지게 될 가능성이 높다.218 이처럼 대통령제의 경우에도 행정부의 수반이 의회에 의해 상당한 견제를 받기 때문에, 의회에 진출한 정당 수와 각 정당이 차지하는 의석수에 따라 의회 내 정치세력이 어느 정도 분열되어 있는가를 보여주는 **의회분절도**가 대통령의 국정운영 뿐 아니라 직접 국정을 수행하는 내각의 구성에 압력을 행사한다고 본다. 의회분절도는 아래와 같이 측정된다.219

217_ Powell, B. 1982. *Contemporary Democracy: Participation, Stability and Violence*. Cambridge, Mass.: Harvard University Press, pp. 64-66.

218_ Stepan, A. and Skach, C. 1982. "Presidentialism and Parliamentarism in Comparative Perspective." Linz, J. and Valenzuela, A., eds., *The Failure of Presidential Democracy: Comparative Perspectives*. Baltimore, Md.: Johns Hopkins University Press, pp. 119-136.

219_ Taylor, M. and Herman, V. 1971. "Party Systems and Government Stability." *The American Political Science Review* 65, p. 30. 이러한 분절도 지표는 0에서 1 사이의 값을 지닌다. 즉, 의회가 단일 정당으로 구성되는 경우 분절도의 값은 0(F_p=0)이 되며, 분절도 값이 1(F_p=1)인 경우는 의회 내에서 100개의 정당이 각각 총 의석수의 1%를 점유하는 상황을 의미한다. 만일 두 정당이 각각 총 의석의 50%를 차지하는 양당구조일 경우에는 분절도 값이 0.5가 된다. Rae(1975), pp. 47-64 참조.

<식 5-2> 의회분절도 측정지표

$$Fp = 1 - 1/n(n-1)\sum_{i=1}^{Np} f_i(f_i - 1)$$

- F_p: 의회분절도
- N_p: 의회 내에 의석을 보유한 정당의 수
- n: 총의석수
- f_i: 각 정당이 차지한 의석 수

② 대통령의 국민적 지지기반: 선거경쟁도

국민적 지지기반이 대통령의 국정운영에 상당한 영향력을 미친다는 것은 분명한 사실이다. 즉, 상대적으로 강력한 지지기반을 가진 대통령은 국정운영에 있어서 강력한 추진력을 발휘할 수 있으며, 그렇게 될 때 정책수립과 집행의 실질적 주체인 내각 역시 안정될 수 있다. 반면 지지기반이 취약한 대통령은 특히 공약을 지키지 못할 때 의회나 국민으로부터 가해지는 압력에 대응할 수 있는 능력이 떨어지며, 자신의 정치적 입지를 유지하기 위한 방편으로 정책수행의 비효율성이나 실패의 책임을 내각에 돌리는 경우가 많다. 즉, 이들은 내각을 '정치적 피뢰침'으로 사용할 가능성이 높다. 이에 따라 본 연구에서는 대통령에 대한 국민적 지지도를 내각안정성에 영향을 주는 정치적 독립변인의 하나로 상정하여 이를 현직 대통령이 당선된 당시 선거에서 나타난 지지도라는 맥락에서 파악하고자 한다.

대통령 선거의 후보자들 간에 경쟁도가 상대적으로 낮았다면 당선된 대통령은 경쟁도가 높은 가운데 당선된 대통령에 비해 폭넓은 국민적 지지기반을 획득한 상태에서 정부를 출범시켰다고 볼 수 있고, 이러한 측면에서 **선거경쟁도**electoral competitiveness를[220] 대통령에 대한 국민적 지지기반을 우회적으로 측정하는 지표로 간주할 수 있다. 선거경쟁도는 아래와 같이 측정된다.

<식 5-3> 선거경쟁도 측정지표

$$EC = L/W$$

- EC: 선거경쟁도
- L: 낙선한 후보들의 득표율
- W: 당선된 후보의 득표율

220_ 여기에서 선거경쟁도의 값(EC)은 1을 기준으로 하여, 현 대통령이 ① EC=1인 경우에는 정확히 50%의 득표율로, ② EC〉1일 때에는 50% 미만의 득표율로, ③ EC〈1의 경우에는 50%를 초과한 득표율로 당선되었음을 의미한다. 따라서 EC 값이 크면 클수록, 즉 선거경쟁도가 높으면 높을수록 현 대통령이 선거에서 확보한 국민적 지지기반의 수준이 낮다는 의미가 된다.

나. 경제적 요인

① 경제성장도: GDP 평균성장률

정부의 안정성을 파악하기 위해 반드시 고려해야 할 측면 가운데 한 가지는 경제적 측면에서 나타나는 정책수행도policy performance level이다. 즉, 경제적 성취도는 정부의 국민요구 충족능력과 그에 따른 국민적 지지기반의 수준이라는 측면에서 정치체계의 안정성과 직결된다고 말할 수 있다. 본 연구에 있어서도 이러한 경제적 변인들을 반드시 고려해야 한다는 판단에 따라, 우선 거시경제적 성취도를 보여주는 경제성장도를 독립변인으로 상정하기로 한다.

어떤 국가의 경제성장, 보다 정확히 경제체계의 산출량 증대는 국민소득계수에 입각해서 측정될 수 있다. 즉, 경제성장은 "국민경제활동의 실질적이고 지속적인 증가, 다시 말해서 총 경제생산의 양적·비율적 증대"를 의미한다. 그리고 이와 같은 국민경제활동의 규모를 파악하기 위해서는 주로 국민총생산GNP이나 국내총생산GDP 등의 지표를 이용하는데,[221] 본 연구에서는 GDP를 경제성장지표로 채택하기로 한다. 그 이유는 오늘날과 같이 교역이나 상호투자를 통해 국가들 간의 경제적 상호의존성이 급격히 심화되고 있는 상황에서 한 나라의 경제규모를 자국의 생산요소에 의해서만 산출된 GNP로 측정하는 것은 적절하지 못하며, 따라서 내국인에 의한 것이든 외국인(혹은 외국인 소유의 생산요소)에 의한 것이든 국내에서 이루어진 연간 국내총

221_ 이러한 지표들로는 국민총생산과 국내총생산 이외에 국민순생산, 국민소득, 개인소득, 가처분소득 등이 있다.

생산을 지표로 받아들이는 것이 보다 타당하다고 판단되기 때문이다.

그런데 본 연구에 있어서는 종속변인이 시계열 분석에 적합한 변인이 아닌 관계로 독립변인 역시 일정 기간에 나타난 값을 대표하는 단일지표로 구축할 수밖에 없다. 이러한 상황을 고려해 연구대상기간에 걸쳐 각국이 달성한 연도별 GDP 성장률을 계측하여 그 평균, 즉 GDP **평균성장률**을 측정척도로 사용했다. 또한 대부분의 통계연감에 나와 있는 연구대상국가의 연도별 GDP 성장률은 각국의 고유한 화폐단위로 계측한 것이기 때문에 상호비교의 정확한 등가지표等價指標가 될 수 없다고 판단되어,**222** 1990년 기준 미 달러(millions of US Dollars/1990 constant)로 제시된 GDP 통계를 이용해 성장률을 측정했다.

② 국민경제생활수준: 소비자물가지수 평균상승률과 평균실업률

정부의 경제적 성취도를 측정할 수 있는 또 하나의 맥락은 국민경제생활의 수준이다. 본 연구에서는 경제적 변인이 내각의 정책수행에 대한 국민의 평가로부터 나오는 압력요인으로 상정되었기 때문에, 실질적인 국민경제생활의 수준을 측정할 수 있는 지표, 즉 '생활수준지표living indicators'가 요구된다. 이와 같은 생활수준지표로서는 일인당 에너지 소비량, 주택보급률 등 다양한 지표들이 사용되나, 보다 직접적인 지표로서 **소비자물가지수**와 **실업률**을 채택하기로 한다.

고용증대와 소비자물가의 안정 없이 국민경제생활은 향상될 수 없

222_ 예로서 우리나라 통계청이 발간한 『계간국제통계』, IMF의 *International Financial Statistics Yearbook* 등에 각국의 고유한 화폐단위로 계측된 GDP와 그 성장률이 수록되어 있다.

다. 왜냐하면 국민 대다수가 임금노동을 통해 경제생활을 영위해 나가는 상황에서 임금상승률이 물가상승률을 따라가지 못하는 경우가 많기 때문이다. 따라서 실업률 증대에 따른 고용감소와 소비자물가지수의 상승은 경제생활에 대한 국민의 좌절감을 유발시키며, 이러한 좌절감의 확산이 정치체계에 심대한 압력으로 작용한다는 것은 굳이 좌절-공격 패러다임frustration-aggression paradigm을 빌지 않더라도 널리 확증된 사실이다.

예로서 로벗슨J. Robertson은 유럽 국가들의 연합내각이 표출하는 지속성에 관한 연구에서 인플레이션이나 실업문제를 해결할 수 있는 정부의 능력이 정부의 경제적 성취도에 대한 국민 혹은 정치적 반대세력들의 평가에 있어서 가장 중요한 척도이며, 더 나아가 내각의 안정성과 지속성을 결정하는 핵심적 요인이 된다고 주장하고 있다. 그는 이러한 맥락에서 월간 소비자물가지수consumer price index 변화율의 평균과 특정 내각의 재임기간 동안 나타난 실업자수의 월간 변화율의 평균을 경제적 요인으로 선택했다.**223** 본 연구에 있어서도 국민경제생활수준의 변동에 따른 압력을 연구대상기간에 나타난 각 국가의 **연도별 소비자물가지수 평균상승률**과 **연도별 평균실업률**로 측정하기로 한다.

이제 이상과 같은 주요 개념의 이론적 정의와 조작정의를 요약해보면 〈표 5-1〉과 같다.

223_ Robertson, J. 1984. "Toward A Political-Economic Accounting of the Endurance of Cabinet Administrations: An Empirical Assessment of Eight European Democracies." *American Journal of Political Science* 28, pp. 693-709.

<표 5-1> 개념화와 측정지표의 설정

이론적 정의		조작정의	측정방식
구성개념	변인	지표	
정치안정	내각 안정성	각료 재임가능기간 평균점유율(%) [CS]	$CS(\%)=(NOCM/NOCM+NCCM)\times 100$ CS: 각료 재임가능기간 평균점유율 NOCM: 대통령이 최초로 구성한 내각의 각료 수 NCCM: 대통령의 집권기간중 교체된 각료 수
정치적 압력	의회 내 정치세력의 분열양상	의회분절도 [F_p]	$F_p = 1-1/n(n-1)\sum_{i=1}^{N_p} f_i(f_i-1)$ F_p: 의회분절도 N_p: 의회 내에 의석을 보유한 정당들 의 수 n: 총 의석 수 f_i: 각 정당이 차지한 의석 수
	대통령의 국민적 지지기반	선거경쟁도 [EC]	EC = L/W EC: 선거경쟁도 L: 낙선한 후보들의 득표율 W: 당선된 후보의 득표율
경제적 압력	경제 성장도	GDP 평균성장률 [GDP]	연구대상기간 동안 각국이 달성한 연도별 GDP 성장률의 평균값
	국민경제 생활수준	소비자 물가지수 평균상승률 [PRICE]	연구대상기간 동안 각국의 연도별 소비자 물가지수 상승률의 평균값
		평균실업률 [UNEMPLOY]	연구대상기간 동안 각국의 연도별 실업률 평균값

2) 관측방법

연구의 성격상 관측방법으로는 **집적통계자료의 추출**을 채택한다. 즉, 이 연구는 정치체제 자체의 거시적 속성을 다루는 연구이기 때문에 그에 상응하는 집적통계자료들을 사용할 수밖에 없다. 따라서 필요한 자료들을 다양한 연구·교육기관이 운영하고 있는 자료보관처 data archives 혹은 인터넷상의 자료 사이트로부터 추출하기로 한다.

3) 연구표본

이 연구의 대상이 되는 사례들은 1990년에서부터 1998년까지 헌법에 의거하여 대통령직을 갖고 있는 207개 국가들로 구성된 모집단 가운데에서 아래와 같은 8개 조건에 따라 선별한 21개 국가들(표본)이다. 이처럼 연구사례들이 확률적 무작위표집이 아니라 연구자의 고유한 이론적 판단을 반영하는 선정기준에 따라 뽑혔기 때문에(**판정표집**) 연구결과의 일반화를 시도하기 어렵지만, 연구목적이 새로운 모형의 설계이기 때문에 문제가 되지 않는다고 본다.

① 국가수반head of state과 행정부수반head of government의 일치
② 대통령에 의한 내각 구성(대통령에 의한 각료 임면)
③ 대통령 직선제의 채택
④ 민간 대통령civilian president의 존재. 현직 대통령이 군사 쿠데타 등 비합법적 경로를 통해 집권한 후 민간인 신분으로 재집권한 국

가들은 제외

⑤ 현 대통령이 비합법적인 경로로 집권한 경우, 혹은 국가가 내란 상태에 처해 있는 경우는 제외

⑥ 국민에 의해 선출된 의원으로 구성되어 있으며, 실질적인 기능을 행사하는 입법부(의회)의 존재

⑦ 실질적인 복수정당제의 존재

⑧ 1990년 이후 독립한 신생국은 제외

이상과 같은 8개 조건을 사례선정의 척도로 삼아 인터넷 상의 *CIA World Fact Book*을 통해 제공되고 있는 207개 국가의 정치적 배경 자료를 모두 검색하여 조건 ①, ②, ③, ⑥을 만족시키는 35개국을 선별한 후, 이들 가운데에서 다시 조건 ④, ⑤, ⑦, ⑧에 해당되는 21개 국가를 최종 연구표본으로 확정했다. 표본에 포함된 국가들은 아르헨티나 · 볼리비아 · 브라질 · 콜롬비아 · 에콰도르 · 파라과이 · 페루 · 우루과이 · 베네주엘라 등 남미지역 9개국과, 코스타리카 · 도미니카 공화국 · 엘살바도르 · 과테말라 · 온두라스 · 멕시코 · 니카라과 · 파나마 등 중미지역 8개 국가, 그리고 사이프러스 · 스리랑카 · 필리핀 · 한국이다.

3. 연구단계 III: 관측과 모형검증

1) 관측

이미 연구단계 II에서 밝힌 것과 같이 본 연구에서 사용되는 자료들은 집적통계자료이며, 따라서 정치체제, 의회, 선거, 정당 등에 관한 시계열 자료들을 제공하는 아카이브와 인터넷 홈페이지들로부터 자료를 추출했다. 그리고 사용개념의 조작정의에 따라 원자료raw data를 그대로 사용하거나 필요에 따라 가공하여 적절한 데이터 베이스를 구축했다.

자료가 추출된 아카이브들은 *Keesing's Record of World Events*, *OECD Economic Outlook*(OECD), *Statistical Yearbook* (UN), *CIA World Fact Book*, *Elections Around the World*, *Lijphart Election Archive* 등이다.

2) 모형검증방법

앞서 제시한 가설모형은 **중다회귀분석**을 통해 검증하되 설명력이 없는 독립변인들을 순차적으로 제거하는 **후방소거**backward elimination 방식을 택했다. 후방소거방식은 회귀모형에 포함된 독립변인들의 표준화된 회귀계수BETA 값을 측정한 후, 그 값이 가장 작은 변인들로부터 부분 *F* 검증을 차례로 수행하여 통계적으로 의미 있는 변인만을 모형에 남겨놓는 방법이다. 이와 아울러 **톨러런스**tolerance 값을 이용한 공선성 통계collinearity statistics를 사용해 각 회귀모형에서 독립변인들 간의 공변으로 인한 **중다공선성**multicollinearity이 회귀계수 및 결정계수를 왜곡시키지 않는가의 여부도 확인하기로 한다.224

3) 모형검증

(1) 작업가설과 회귀모형의 설정

앞에서 제시한 분석모형은 작동변인들 간의 관계구조를 시각적으로 제시해놓은 것에 불과하기 때문에 그 자체로는 검증될 수 없으며, 계량분석기법이 적용될 수 있도록 적절한 형태로 전환되어야 한다. 즉, 가설검증방법으로 선택한 중다회귀분석이 적용될 수 있도록 모형을 여러 개의 **작업가설**로 구체화한 다음 각 가설에 적합한 회귀모형을 세울 필요가 있다. 여기에서 검증될 회귀모형은 아래와 같은 3개의 기본모형과 4개의 구간통제모형이다.

224_ 중다공선성이란 독립변인들 간의 공변양상을 지칭하며, 중다공선성이 크면 클수록 독립변인들이 통계적으로 상호배타적(독립적)이라는 회귀분석의 기본가정이 무너지게 된다. 중다공선성의 존재 여부는 톨러런스 값을 보고 판정할 수 있는데, 톨러런스 값이란 각 독립변인의 변량 가운데 회귀모형에 포함된 다른 독립변인들과의 공변으로 야기되는 부분을 제외한 순수 자기변량을 의미한다. 따라서 이 값이 크면 클수록 다른 독립변인들과의 공변이 적다는, 즉 중다공선성이 적다는 것을 알 수 있다. 김홍규(1997), pp. 289-290 참조.

가. 기본모형

기본모형은 아래와 같다.

<모형 5-1> 기본모형

[기본모형 1]

▶ 작업가설 1: 내각안정성은 의회 내 정치세력의 분열양상 • 대통령의 국민적 지지기반 • 경제성장도 및 국민경제생활수준에 따라 결정된다.

▷ 기본모형 1: $Y = a + b_1X_1 + b_2X_2 + b_3X_3 + b_4X_4 + b_5X_5 + \varepsilon$

Y: 각료재임가능기간 평균점유율
X_1: 의회분절도
X_2: 선거경쟁도
X_3: GDP 평균성장률
X_4: 소비자물가지수 평균상승률
X_5: 평균실업률
ε: 오차항(제3변인의 효과)

※ 회귀식에 포함된 변인표기 방식은 이하 모든 모형에서 동일.

[기본모형 2]

▶ 작업가설 2: 내각안정성은 의회 내 정치세력의 분열양상 · 대통령의 국민적 지지기반에 따라 결정된다.

▷ 기본모형 2: $Y = a + b_1X_1 + b_2X_2 + \varepsilon$

[기본모형 3]

▶ 작업가설 3: 내각안정성은 경제성장도와 국민경제생활수준에 따라 결정된다.

▷ 기본모형 3: $Y = a + b_3X_3 + b_4X_4 + b_5X_5 + \varepsilon$

나. 구간통제모형

구간통제모형은 아래와 같다.

<모형 5-2> 구간통제모형

[구간통제모형 1]

▶ 작업가설 1: 내각안정성과 의회 내 정치세력의 분열양상·대통령의 국민적 지지기반·경제성장도 및 국민경제생활수준 간의 상관관계는 의회 내 정치세력의 분열양상이 특정 수준 이상이거나 미만일 경우에 따라 변화한다.

▷ 구간통제모형 1-A: $Y = a + b_1X_1 + b_2X_2 + b_3X_3 + b_4X_4 + b_5X_5 + \varepsilon$
if $X_1 \geq$ 구간 분할치

▷ 구간통제모형 1-B: $Y = a + b_1X_1 + b_2X_2 + b_3X_3 + b_4X_4 + b_5X_5 + \varepsilon$
if $X_1 <$ 구간 분할치

[구간통제모형 2]

▶ 작업가설 2: 내각안정성과 의회 내 정치세력의 분열양상·대통령의 국민적 지지기반·경제성장도 및 국민경제생활수준 간의 상관관계는 국민적 지지기반이 특정 수준 이상이거나 미만일 경우에 따라 변화한다.

▷ 구간통제모형 2-A: $Y = a + b_1X_1 + b_2X_2 + b_3X_3 + b_4X_4 + b_5X_5 + \varepsilon$
if $X_2 \geq$ 구간 분할치

▷ 구간통제모형 2-B: $Y = a + b_1X_1 + b_2X_2 + b_3X_3 + b_4X_4 + b_5X_5 + \varepsilon$
if X_2<구간 분할치

[구간통제모형 3]

▶ 작업가설 3: 내각안정성과 의회 내 정치세력의 분열양상·대통령의 국민적 지지기반·경제성장도 및 국민경제생활수준 간의 상관관계는 소비자물가지수 평균상승률이 특정 수준 이상이거나 미만일 경우에 따라 변화한다.

▷ 구간통제모형 3-A: $Y = a + b_1X_1 + b_2X_2 + b_3X_3 + b_4X_4 + b_5X_5 + \varepsilon$
if $X_4 \geq$구간 분할치

▷ 구간통제모형-3-B: $Y = a + b_1X_1 + b_2X_2 + b_3X_3 + b_4X_4 + b_5X_5 + \varepsilon$
if X_4<구간 분할치

[구간통제모형 4]

▶ 작업가설 4: 내각안정성과 의회 내 정치세력의 분열양상·대통령의 국민적 지지기반·경제성장도 및 국민경제생활수준 간의 상관관계는 GDP 평균성장률이 특정 수준 이상이거나 미만일 경우에 따라 변화한다.

▷ 구간통제모형 4-A: $Y = a + b_1X_1 + b_2X_2 + b_3X_3 + b_4X_4 + b_5X_5 + \varepsilon$
if $X_3 \geq$구간 분할치

▷ 구간통제모형 4-B: $Y = a + b_1X_1 + b_2X_2 + b_3X_3 + b_4X_4 + b_5X_5 + \varepsilon$
if X_3<구간 분할치

(2) 모형의 검증

검증될 회귀모형은 앞서 밝힌 바와 같이 기본모형과 구간통제모형 등 두 가지로 나뉜다. 먼저 연구사례 전체를 대상으로 2개의 정치적 변인들과 3개의 경제적 변인들을 모두 상정한 기본모형 1, 2, 3의 통계적 타당성을 점검해 보기로 한다. 다음으로는 의회분절도 · 선거경쟁도 · 소비자물가지수 평균상승률 · GDP 평균성장률을 각기 일정 수준 이상과 미만으로 통제했을 때 어떤 사례 내에서 어떠한 독립변인들이 설명력을 갖는가를 탐색하기 위한 구간통제모형 1, 2, 3, 4를 차례로 검증해 본다.

가. 기본모형의 검증

① 기본모형 1: 정치적 변인과 경제적 변인의 영향력

모형검증의 첫 단계로서 연구대상 21개국 각료들의 재임가능기간 평균점유율을 종속변인으로, 2개 정치적 변인(의회분절도 · 선거경쟁도)과 3개 경제적 변인(GDP 평균성장률 · 소비자물가지수 평균상승률 · 평균실업률) 등 총 5개 변인을 독립변인으로 상정하여 중다회귀분석을 수행한 결과 〈표 5-2〉와 같은 결과를 도출하였다.

<표 5-2> 기본모형 1의 검증결과

모형화 단계	제거된 변인	결정계수(R^2)	*F* 값	Sig.
제1단계	선거경쟁도(EC)	0.244	1.291	0.314
제2단계	GDP 평균성장률	0.240	1.785	0.188
제3단계	의회분절도	0.206	2.335	0.126
제4단계	소비자물가지수 평균상승률	0.140	3.083	0.095

모형화 단계	투입된 변인	비표준화 회귀계수 B	표준화된 회귀계수 BETA	*T* 값	Sig.	공선성 통계 (톨러런스값)
제1단계	상수	59.232	-	1.727	0.103	-
	의회분절도	-33.215	-0.180	-0.772	0.451	0.870
	GDP 평균성장률	1.056	0.072	0.307	0.763	0.871
	소비자물가지수 평균상승률	-1.815E-02	-0.306	-1.179	0.256	0.700
	평균실업률	1.838	0.460	1.951	0.069	0.853
제2단계	상수	64.335	-	2.204	0.042	-
	의회분절도	-35.656	-0.193	-0.867	0.398	0.901
	소비자물가지수 평균상승률	-1.980E-02	-0.334	-1.411	0.176	0.798
	평균실업률	1.870	0.467	2.052	0.056	0.864
제3단계	상수	40.187	-	4.660	0.000	-
	소비자물가지수 평균상승률	-1.641E-02	-0.277	-1.227	0.235	0.865
	평균실업률	1.903	0.475	2.105	0.050	0.865

제4단계	상수	42.345	-	4.950	0.000	-
	평균실업률	1.495	0.374	1.756	0.095	1.000

* 종속변인: 각료재임가능기간 평균점유율

위의 표에서 볼 수 있듯이 이 모형은 통계적 타당성과 유의미성을 전혀 갖지 못한다. 즉, 상정된 5개 독립변인의 후방소거과정을 통해 4단계에 걸쳐 모형의 적합도를 추적해보았으나, 평균실업률만이 유일한 독립변인으로 포함된 최종모형의 결정계수 R^2 값이 0.140에 불과할 뿐만 아니라 *F* 값(F=3.083, Sig.F=0.095)이 유의수준 p=0.05를 만족시키지 못하고 있다.[225]

② 기본모형 2: 정치적 변인의 영향력

다음으로 의회분절도와 선거경쟁도 등 2개 정치적 변인만을 독립변인들로 상정한 중다회귀분석을 수행했으나, 이 모형 역시 후방소거과정을 거친 후 통계적 의미를 갖지 못하는 것으로 밝혀졌다. 즉, 최종모형에서 모든 독립변인이 제거됨에 따라 기본모형 2는 설명력이 전혀 없음을 알 수 있다(〈표 5-3〉 참조).

225_ *F* 값은 회귀분석모형에 있어서 독립변인을 이용하여 종속변인의 변이를 설명할 수 있는 설명변량과 오차변량의 비율을 지칭한다.

<표 5-3> 기본모형 2의 검증결과

모형화 단계	제거된 변인	결정계수(R^2)	*F* 값	Sig.
제1단계	선거경쟁도	0.025	0.497	0.490
제2단계	의회분절도	0.000	-	-

모형화 단계	투입된 변인	비표준화 회귀계수 B	표준화된 회귀계수 BETA	*T* 값	Sig.	공선성 통계 (톨러런스값)
제1단계	상수	75.172	-	2.691	0.015	-
	의회분절도	-29.471	-0.160	-0.705	0.490	1.000
제2단계	상수	-	-	-	-	-

* 종속변인: 각료재임가능기간 평균점유율

③ 기본모형 3: 경제적 변인의 영향력

마지막으로 GDP 평균성장률 · 소비자물가지수 평균상승률 · 평균실업률 등 3개의 경제적 변인을 독립변인으로 상정한 기본모형 3을 역시 같은 방식으로 검증했다. 〈표 5-4〉에 나타난 바와 같이 경제적 변인들 또한 종속변인의 변량을 전혀 설명할 수 없음이 밝혀졌다.

<표 5-4> 기본모형 3의 검증결과

모형화 단계	제거된 변인	결정계수(R^2)	*F* 값	Sig.
제1단계	GDP 평균성장률	0.206	2.335	0.126
제2단계	소비자물가지수 평균상승률	0.140	3.083	0.095

모형화 단계	투입된 변인	비표준화 회귀계수 B	표준화된 회귀계수 BETA	*T* 값	Sig.	공선성 통계 (톨러런스값)
제1단계	상수	40.187	-	4.660	0.000	-
	소비자물가지수 평균상승률	-1.641E-02	-0.277	-1.277	0.236	1.000
	평균실업률	1.903	0.475	2.105	0.050	0.865
제2단계	상수	42.345	-	4.950	0.000	-
	평균실업률	1.495	0.374	1.756	0.095	1.000

* 종속변인: 각료재임가능기간 평균점유율

즉, 모형에 최종적으로 남겨진 유일한 독립변인인 평균실업률의 *T* 값(T=1.756, Sig.T=0.095, p=0.05)과 모형 자체의 통계적 유의미성이 확보되지 못하고 있을 뿐만 아니라(F=3.083, Sig.F=0.095, p=0.05) 결정계수(R^2)의 값 또한 지극히 낮은 0.140에 불과하다.

이처럼 기본모형 1, 2, 3을 대상으로 다중회귀분석을 수행한 결과 통계적으로 유의미한 결과를 산출하지 못했다. 다음으로 정치적 변인(의회분절도 · 선거경쟁도)과 경제적 변인(소비자물가지수 평균상승률 · GDP 평균성장률)을 일정 수준에서 구간화한 구간통제모형의 통계적 타당성을 검증해 보기로 한다.

나. 구간통제모형의 검증

① 구간통제모형 1: 의회분절도의 통제

● 구간통제모형 1-A: 의회분절도 0.64 이상의 국가

의회분절도를 일정 수준 이상과 미만으로 통제한 가운데 독립변인들과 종속변인 간의 관계양상을 추적하기 위해서는 통제구간을 획정할 필요가 있다. 이를 위해 일단 분절도가 가장 높은 국가인 브라질(0.88)로부터 가장 낮은 온두라스(0.51)에 이르기까지 그 값을 내림차순으로 배열한 후, 평균치 0.66을 기준으로 삼아 중다회귀분석을 통해 통계적으로 유의미한 결과를 낳는 사례들을 차례로 선별해보았다. 그 결과 분절도가 0.64 이상인 브라질 · 에콰도르 · 베네주엘라 · 볼리비아 · 사이프러스 · 필리핀 · 우루과이 · 파나마 · 엘살바도르 · 페루 · 과테말라 등 11개 국가 가운데 우루과이(0.70)를 제외한 10개 국가에 한해 평균실업율을 제외한 4개 독립변인들이 강한 설명력을 지니는 것으로 밝혀졌다.[226]

여기에서 구간통제모형의 기준치로 설정된 0.64가 지니는 이론적 의미는 다음과 같이 해석될 수 있다. 만약 두 개의 정당이 총 의석을

226_ 이러한 측면에서 우루과이는 본 구간통제모형으로 설명할 수 없는 일탈사례deviant cases가 된다.

각각 50%씩 양분하여 점유할 경우 분절도의 값은 0.5이며, 두 개의 큰 정당major parties과 하나의 작은 정당minor party이 각각 총 의석의 45%, 45%, 10%를 점할 때 분절도의 값은 0.585가 된다. 또한 세 개의 정당이 각각 33.3%의 동일한 의석점유율을 보인다면 분절도의 값은 0.673이 된다. 따라서 분절도 0.64의 의미는 두 개의 정당에 의해 의회가 주도되는 상태와 세 개의 정당이 비슷한 힘을 가지고 완벽한 균형을 이루고 있는 상태의 중간 정도의 수준, 다시 말해서 적어도 의회 내 세력배분양상이 두 개의 정당에 의해 주도되는 상황은 벗어난 조건이라고 볼 수 있다.

<표 5-5> 구간통제모형 1-A의 검증결과

모형화 단계	제거된 변인	결정계수(R^2)	*F* 값	Sig.
제1단계	평균실업률	0.883	9.465	0.015

모형화 단계	투입된 변인	비표준화 회귀계수 B	표준화된 회귀계수 BETA	*T* 값	Sig.	공선성 통계 (톨러런스값)
제1단계	상수	271.575	-	6.904	0.001	-
	의회분절도	-104.451	-0.610	-2.890	0.034	0.524
	선거경쟁도	-26.184	-1.460	-4.856	0.005	0.258
	GDP 평균성장률	-22.818	-2.116	-5.282	0.003	0.145
	소비자물가지수 평균성장률	-0.850	-1.284	-4.076	0.010	0.235

* 종속변인: 각료재임가능기간 평균점유율

이제 의회분절도가 0.64 이상인 국가들을 대상으로 한 중다회귀분석(후방소거방식)의 결과를 요약해보면 〈표 5-5〉와 같다. 〈표 5-5〉에서 볼 수 있듯이 의회분절도가 0.64 이상인 국가들의 경우에는 후방소거방식을 통해 제거된 평균실업률을 제외한 4개의 독립변인(의회분절도 · 선거경쟁도 · GDP 평균성장률 · 소비자물가지수 평균상승률)과 종속변인 사이의 관계심도가 대단히 높게 나타나고 있다(R^2=0.883). 또한 *F* 값이 9.465(Sig.*F*=0.015)에 달하여 95%의 신뢰구간(유의수준 p=0.05)에서 모형의 통계적 유의미성이 확보된다는 것이 밝혀졌다.

이와 아울러, 각 독립변인의 톨러런스 값도 모두 기준치인 0.10을 상회하기 때문에 중다공선성이 존재하지 않는다고 볼 수 있으며, 따라서 구간통제모형 1-A는 통계적으로 볼 때 대단히 적합한 것으로 판정된다.

한편 최종모형에 남겨진 각 독립변인들의 **표준화된 회귀계수BETA** 값을 통해 종속변인에 대한 영향력을 비교해보면 GDP 평균성장률(-2.116)이 가장 크고, 두 번째로 선거경쟁도(-1.460), 세 번째로 소비자물가지수 평균상승률(-1.284)의 순서이며, 의회분절도(-0.610)의 영향력이 가장 작다는 것을 알 수 있다. 이와 같은 결과를 놓고 볼 때, 연구사례들 가운데 상대적으로 높은 수준(0.64 이상)의 정치적 균열성이 표출되고 있는 국가들의 경우에는 경제성장률은 높아지지만 국민경제생활수준이 하락될수록(경제적 조건), 그리고 선거경쟁도와 분절도가 커질수록(정치적 조건) 내각의 불안정성이 커진다고 볼 수 있다.

<모형 5-3> 확증된 구간통제모형 1-A

$$Y = 271.575 - 104.451X_1 - 26.184X_2 - 22.818X_3 - 0.850X_4 + \varepsilon$$

R^2=0.883　　F=9.465　　Sig.F=0.015 (p=0.05)

	BETA
X_1: 의회분절도	-0.610
X_2: 선거경쟁도	-1.460
X_3: GDP 평균성장률	-2.116
X_4: 소비자물가지수 평균상승률	-1.284
Y: 각료 재임가능기간 평균점유율	

▶ 의회분절도 0.64 이상

● 구간통제모형 1-B: 의회분절도 0.64 미만의 국가

다음으로 의회분절도가 0.64 미만인 국가들을 대상으로 다중회귀분석을 수행한 결과, 의회분절도가 상대적으로 낮은 국가들에 있어서는 5개 독립변인이 모두 설명력을 상실한다는 사실이 밝혀졌다. 즉, 상정된 모든 독립변인이 후방소거방식을 통해 모형에서 제거되었으며, 따라서 본 모형은 통계적 적실성을 상실한다.

그러나 이처럼 의회분절도가 0.64에 미치지 못하는 국가들에 있어서 독립변인들이 내각의 안정성에 영향력을 미치지 못한다는 사실은 의회분절도가 독립-종속변인 간의 인과경로에 개입하는 변인이라는 명백한 통계적 증거가 되며, 따라서 구간모형은 앞서 살펴본 기본모형에 비해 상당한 설득력을 지닌다고 판단된다.

② 구간통제모형 2: 선거경쟁도의 통제

● 구간통제모형 2-A: 선거경쟁도 1.02 이상의 국가

다음으로 선거경쟁도를 일정 수준 이상과 미만으로 구분하여 각 구간에 따른 작동변인들 간의 관계양상을 탐색해보기 위해 앞서 구간통제모형 1과 같은 방식으로 구간통제모형 2-A와 구간통제모형 2-B를 검증해보았다.

<표 5-6> 구간통제모형 2-A의 검증결과

모형화 단계	제거된 변인	결정계수(R^2)	F 값	Sig.
제1단계	GDP 평균성장률	0.779	4.404	0.068
제2단계	선거경쟁도	0.702	4.715	0.051
제3단계	소비자물가지수 평균상승률	0.605	5.353	0.039
제4단계	평균실업률	0.437	6.207	0.037

모형화 단계	투입된 변인	비표준화 회귀계수 B	표준화된 회귀계수 BETA	*T* 값	Sig.	공선성 통계 (톨러런스값)
제1단계	상수	135.074		5.770	0.002	
	의회분절도	-107.994	-0.708	-2.880	0.035	0.732
	선거경쟁도	-6.989	-0.340	-1.317	0.245	0.665
	소비자물가지수 평균상승률	-0.162	-0.372	-1.718	0.147	0.945
	평균실업률	1.786	0.520	2.240	0.075	0.820
제2단계	상수	138.433		5.614	0.001	
	의회분절도	-128.335	-0.841	-3.545	0.012	0.882
	소비자물가지수 평균상승률	-0.137	-0.315	-1.402	0.211	0.984
	평균실업률	1.484	0.432	1.834	0.116	0.894
제3단계	상수	130.663		5.098	0.001	
	의회분절도	-122.316	-0.802	-3.190	0.015	0.894
	평균실업률	1.487	0.433	1.724	0.128	0.894
제4단계	상수	126.871		4.451	0.002	
	의회분절도	-100.847	-0.661	-2.491	0.037	1.000

* 종속변인: 각료재임가능기간 평균점유율

즉, 일단 최고의 선거경쟁도를 보이는 필리핀(3.24)으로부터 시작하여 최저의 선거경쟁도를 보이는 페루(0.55)에 이르기까지 21개 국가들을 내림차순으로 배열한 후, 중다회귀분석을 통해 독립변인-종속변인 간에 유의미한 관계를 나타내는 경쟁도 1.02 이상의 10개국을 선별했다. 여기에서 선거경쟁도 1.02가 가지는 의미는 다음과 같이 해석될 수 있다. 선거경쟁도의 값이 1.00인 경우에는 당선자가 정확히 50%의 득표율로, 1.00을 상회할 경우에는 50% 미만의 득표율로, 그리고 1.00에 미치지 못할 때에는 50%의 득표율을 초과하여 당선되었음을 의미한다. 따라서 경쟁도 1.02라는 값은 당선자의 득표율이 낙선자들의 총 득표율에 미치지 못함을 보여준다. 즉, 이는 당선자가 총투표수의 과반수를 충분히 상회하는 득표율을 획득하지 못함에 따라 광범위하고도 절대적인 국민적 지지기반을 확보하는 데 실패하였다는 사실을 보여준다.

〈표 5-6〉에 나타나듯이 본 모형에 상정된 5개의 독립변인 가운데에서 마지막으로 모형에 남은 변인은 의회분절도 한 개에 불과하다. 즉, 4차의 후방소거를 통해 독립변인들이 GDP 평균성장률→선거경쟁도→소비자물가지수 평균상승률→평균실업률의 순서로 소거되었다. 모형의 결정계수 값을 살펴보면 변인제거작업의 제1차 단계에서는 상당히 높은 0.779에 달했으나, 마지막 4차의 최종모형에 있어서는 0.437로 크게 감소했다. 그러나 상대적으로 높은 선거경쟁도를 나타내는 국가들의 경우, 이러한 하나의 정치적 변인만으로도 내각의 안정성을 44%정도 설명할 수 있다는 사실은 상당한 통계적·이론적 의미를 지닌다고 볼 수 있을 것이다.

한편 최종모형의 통계적 유의성은 F=6.207, Sig.F=0.037로서 충분히 확보되고 있으며, 남겨진 독립변인이 한 개인 이상 중다공선성을 전혀 고려할 필요가 없기 때문에 본 구간모형 2-A는 앞서의 구간모형 1-A와 마찬가지로 통계적 적실성을 지닌다. 즉, 경쟁적인 정치체제 내에서는 의회분절도가 클수록 내각의 안정성이 낮아지는 경향을 보인다는 잠정적 결론을 도출할 수 있다.

<모형 5-4> 확증된 구간통제모형 2-A

$$Y = 126.871 - 100.847X_1 + \varepsilon$$

R^2=0.437 F=6.207 Sig.F=0.037 (p=0.05)

	BETA
X_1: 의회분절도	-0.661

Y: 각료 재임가능기간 평균점유율

▶ **선거경쟁도 1.02 이상**

● 구간통제모형 2-B: 선거경쟁도 1.02 미만의 국가

상대적으로 선거경쟁도가 낮은(선거경쟁도 1.02 미만) 국가들은 6개국에 불과하며, 따라서 중다회귀분석에 요구되는 최소한의 사례수(10개)에 미치지 못하기 때문에 통계적으로 유의미한 회귀모형을 도출할 수 없다. 그러나 앞서 검증한 모형 2-A가 선거경쟁도 1.02 이상의 국가에 한해 타당하다는 결론을 잠정적으로 뒷받침하기 위해 분석을 수행한 결과, 5개의 독립변인이 모두 제거되었을 뿐만 아니라 R^2의 값도 0.00으로 계측되었다.

③ 구간통제모형 3: 소비자물가지수 평균상승률의 통제

● 구간통제모형 3-A: 소비자물가지수 평균상승률 10.40% 이상의 국가

세 번째로, 경제적 변인 가운데에서 국민경제생활수준의 지표가 되는 소비자물가지수를 일정 수준 이상과 미만으로 구획한 모형을 검증하기 위해 앞의 경우와 같은 방식으로 중다회귀분석을 수행했다. 구획기준으로서는 통상적으로 주행성 인플레이션galloping inflation의 시발점으로 간주되는 상승률 10% 내외를 기준으로 하여 모형이 성립되는 값인 10.40%를 선정하였다. 주행성 인플레이션이란 연간 10% 내외에서부터 수십 %에 이르는 물가상승률이 지속되는 현상을[227] 지칭하며 이러한 현상이 발생하게 되면 통화량 증가, 물가상승 및 환시세 하락 등의 요인들이 상호작용함으로써 물가는 급상승하고 인플레이션은 더욱 가속화된다.[228] 이와 같이 소비자물가지수 평균상승률이 10.40% 이상인 10개 국가를 대상으로 모형을 검증한 결과 선거경쟁도 · GDP 평균성장률 · 소비자물가지수 평균상승률이 내각의 안정성에 상당한 수준의 영향을 미친다는 사실을 발견했다(〈표 5-7〉 참조).

227_ 김철운 · 권오철. 1990. 『물가의 인과관계 및 정보체계론』. 서울: 한국물가협회출판국, p. 27.

228_ 한창호. 1985. 『경제학원론』. 서울: 일신사, p. 516.

<표 5-7> 구간통제모형 3-A의 검증결과

모형화 단계	제거된 변인	결정계수(R^2)	*F* 값	Sig.
제1단계	의회분절도	0.924	15.188	0.005
제2단계	평균실업률	0.883	15.068	0.005

모형화 단계	투입된 변인	비표준화 회귀계수 B	표준화된 회귀계수 BETA	*T* 값	Sig.	공선성 통계 (톨러런스값)
제1단계	상수	142.188	-	11.426	0.000	-
	선거경쟁도	-43.105	-1.661	-5.532	0.003	0.169
	GDP 평균성장률	-17.082	-1.622	-6.031	0.002	0.210
	소비자물가지수 평균상승률	-3.943E-02	-1.343	-3.317	0.021	0.093
	평균실업률	1.947	0.545	1.645	0.161	0.138
제2단계	상수	132.875	-	10.582	0.000	-
	선거경쟁도	-32.856	-1.266	-6.199	0.001	0.468
	GDP 평균성장률	-13.687	-1.299	-6.228	0.001	0.449
	소비자물가지수 평균상승률	-2.133E-02	-0.726	-4.187	0.006	0.649

* 종속변인: 각료재임가능기간 평균점유율

위 〈표 5-7〉에서 볼 수 있듯이 최종모형은 2차에 걸친 후방소거과정을 거쳐 확정되었고, 선거경쟁도, GDP 평균성장률, 소비자물가지수 평균상승률 등 3개 변인이 설명력을 지닌 독립변인으로 선별되었다. 이 세 개의 변인을 이용한 종속변인의 변량설명도는 약 88%(R^2=0.883)에 달하며, 모형의 통계적 적합도는 Sig.F=0.005로서 충분히 확보되었다. 또한 이들 간의 중다공선성을 점검하기 위해 각 변인의 톨러런스 값을 점검한 결과 모두 기준치인 0.10을 훨씬 넘기 때문에 중결정계수의 값은 왜곡되지 않았다고 말할 수 있다.

<모형 5-5> 확증된 구간통제모형 3-A

$$Y = 132.875 - 32.856X_1 - 13.687X_2 - 2.133E\text{-}02X_3 + \varepsilon$$

R^2=0.883 F=5.086 Sig.F=0.003 (p=0.05)

	BETA
X_1: 선거경쟁도	-1.266
X_2: GDP 평균성장률	-1.299
X_3: 소비자물가지수 평균상승률	-0.726
Y: 각료 재임가능기간 평균점유율	

▶ 소비자물가지수 평균상승률 10.40% 이상

한편 최종모형에 포함된 독립변인들의 종속변인에 대한 배타적 영향력을 비교해보면 선거경쟁도(BETA=-1.266)와 GDP 평균성장률(BETA=-1.299)이 거의 동일한 수준이며, 소비자물가지수 평균상승률(BETA=-0.726)의 영향력이 이들에 비해 떨어진다는 것을 알 수 있다.229 따라서 주행성 인플레이션 국면에 진입함에 따라 경제생활 수준이 급격히 하락함으로써 국민들의 좌절감과 불만이 확산되고 있는 국가들의 경우 선거경쟁도가 높을수록, GDP 평균성장률이 높을수록, 그리고 소비자물가지수 평균상승률이 높을수록 내각이 불안정해진다는 잠정적 결론을 내릴 수 있다.

● 구간통제모형 3-B: 소비자물가지수 평균상승률 10.40% 미만의 국가

위에서 구축한 모형 3-A를 뒷받침하기 위해 소비자물가지수 평균상승률이 10.40 미만인 8개국을 대상으로 중다회귀분석을 수행했으나 이 경우에도 모형 2-B와 마찬가지로 사례수의 부족이라는 문제점이 있다. 분석결과 모든 독립변인들이 제거되었으며 따라서 비록 통계적으로 단정적이지는 못하지만 모형 3-A의 설명력은 이러한 사례들의 경우 상실된다고 말할 수 있을 것이다.

229_ 그러나 소비자물가지수 평균상승율의 경우, 회귀계수가 0에 아주 근접하기 때문에 종속변인에 대한 영향력이 타 독립변인들에 비해 매우 미미하다고 볼 수도 있다.

④ 구간통제모형 4: GDP 평균성장률의 통제

마지막으로 경제체계의 산출량 증가지표가 되는 GDP 평균성장률을 1986년-1996년간 전세계 GDP 평균성장률 3.0%를[230] 중심으로 양분한 모형을 검증해 보았다. 그 결과 GDP 평균성장률이 3.0% 이하인 10개국 중 우루과이를 제외한 9개국에 있어서 의회분절도가 내각의 안정성과 상당한 심도를 지닌 역방향의 상관관계를 갖는다는 사실을 발견했다.

<표 5-8> 구간통제모형-4의 검증결과

모형화 단계	제거된 변인	결정계수(R^2)	F 값	Sig.
제1단계	GDP 평균성장률	0.734	2.766	0.174
제2단계	선거경쟁도	0.726	4.426	0.072
제3단계	평균실업률	0.603	4.555	0.062

230_ 1986년부터 1996년까지 11년간의 전세계 GDP 평균성장률(3.0%)은 외교통상부 간행 『1998 APEC』(외교통상부 국제경제국 지역협력과, 1998), p. 134에 제시된 〈평균 GDP 성장률 비교〉에 나타난 자료를 이용하여 계측한 것임. 이 도표에는 전세계, APEC, 선진국 및 개도국의 연도별 평균 GDP 성장률이 제시되어 있다.

모형화 단계	투입된 변인	비표준화 회귀계수 B	표준화된 회귀계수 BETA	*T* 값	Sig.	공선성 통계 (톨러런스값)
제1단계	상수	109.648	-	5.201	0.006	-
	의회분절도	-87.733	-0.847	-2.233	0.089	0.461
	선거경쟁도	-1.942	-0.125	-0.347	0.746	0.514
	소비자물가지수 평균상승률	-2.284E-02	-0.858	-2.573	0.061	0.597
	평균실업률	1.099	0.420	1.376	0.241	0.712
제2단계	상수	112.095	-	6.216	0.001	-
	의회분절도	-96.092	-0.928	-3.410	0.019	0.638
	소비자물가지수 평균상승률	-2.250E-02	-0.845	-2.810	0.038	0.604
	평균실업률	1.088	0.416	1.503	0.193	0.713
제3단계	상수	112.881	-	5.693	0.001	-
	의회분절도	-81.512	-0.787	-2.801	0.031	0.838
	소비자물가지수 평균상승률	-1.615E-02	-0.607	-2.159	0.074	0.838

* 종속변인: 각료재임가능기간 평균점유율

그러나 GDP 평균성장률이 3.0%를 초과하는 파라과이(3.16%) · 대한민국(3.35%) · 브라질(3.40%) · 과테말라(3.50%) · 콜롬비아(4.10%) · 볼리비아(4.18%) · 사이프러스(4.20%) · 엘살바도르(4.60%) · 스리랑카(5.60%) · 페루(5.70%) · 도미니카 공화국(6.0%) 등 11개 국가들의 경우에는 *F* 값(Sig. *F*=0.077)이 95%의 신뢰구간에서 영가설을 기각하지 못함으로 인해 모형이 통계적 유의미성을 상실했다.

즉 GDP 평균성장률이 3.0%에 미치지 못하는 9개 국가를 대상으로 한 중다회귀분석의 결과를 살펴보면, 최종모형에 남겨진 독립변인은 의회분절도와 소비자물가지수 평균성장률이며, 결정계수의 값은 0.603로서 상당한 수준에 이르고 있다. 그러나 소비자물가지수 평균성장률은 95% 수준에서 통계적 유의미성을 상실하기 때문에(Sig. *T* =0.074) 의회분절도만이 설명력을 지닌다고 말할 수 있다(〈표 5-8〉 참조).

<모형 5-6> 잠정확증된 구간통제모형 4

$$Y = 112.881 - 81.512X_1 - 1.615E{-}02X_2 + \varepsilon$$

R^2=0.603 *F*=4.555 Sig.F=0.062 (p=0.05)[231]

	BETA	Sig. *T*
X_1: 의회분절도	-0.787	0.031
X_2: 소비자물가지수 평균상승률	-0.607	0.074*

Y: 각료재임가능기간 평균점유율

* 모형에서 제외

▶ **GDP 평균성장률 3.0% 이하**

231_ 여기에서 Sig. *F*=0.062로서 95% 수준의 신뢰구간을 약간 초과하나, 초과의 정도가 경미하다는 점(0.012)을 고려하여 본 모형의 통계적 적실성을 일단 수용하기로 한다.

이렇게 볼 때 21개 연구사례 가운데에서 GDP 평균성장률이 전세계 평균에 미치지 못하는 국가군 내에서는 의회분절도가 작을수록 내각이 안정된다는 잠정적 결론을 도출할 수 있을 것이다. 여기에서 유의할 점은 본 모형에 있어서도 선거경쟁도의 수준을 통제한 구간통제모형 2-A와 마찬가지로 의회분절도만이 독립변인으로 남겨진다는 사실이다. 따라서 의회분절도는 특히 경제성장도와 선거경쟁도가 상대적으로 낮은 조건 하에서 배타적인 영향력을 발휘한다는 추론이 가능하다. 그러나 이 모형을 뒷받침하는 사례의 수가 단지 9개국이기 때문에 앞서 확증된 모형들의 경우와 비교해볼 때 통계적 설득력이 상대적으로 떨어진다고 볼 수 있다.

4. 연구단계 IV: 모형의 최종판정과 새로운 연구문제의 제시

1) 모형의 최종판정

중다회귀분석을 통해 기본모형과 구간통제모형을 각각 검증해본 결과, 최종적으로 아래 〈표 5-9〉에 나타난 것과 같이 3개의 확증된 구간통제모형과 1개의 잠정 확증된 구간통제모형을 구축할 수 있었다.

첫째, 의회분절도의 값이 0.64 이상인 브라질·에콰도르·필리핀·과테말라 등 10개국을 대상으로 분석을 수행한 결과, 평균실업률을 제외한 4개의 독립변인이 내각안정성에 대한 높은 설명력을 가진 것으로 확인됨에 따라 본 통제모형은 통계적 적실성을 지닌 것으로 판명되었다. 그런데 확증된 회귀방정식을 살펴보면 의회분절도·선거경쟁도·GDP 평균성장률·소비자물가지수 평균상승률 등 4개의 독립변인이 내각안정성과 특정한 방향의 상관관계를 지니고 있음을 알 수 있다. 즉, 연구사례들 가운데에 상대적으로 의회분절도가 높은(0.64 이상) 10개 국가의 경우에는 경제성장도는 높아지나 국민경제 생활수준은 하락할수록, 그리고 의회분절도와 선거경쟁도가 커질수록 내각의 불안정성이 커진다는 잠정적 결론을 도출할 수 있다.[232]

232_ 여기에서 '잠정적'이라는 용어를 사용한 이유는 본 연구가 광범위한 교차사례분석을 통해 일반화된 통칙을 도출해내려는 목적을 지니고 있지 않기 때문이다. 즉, 이 연구의 목적은 여러 번 강조한 바와 같이 본격적인 일반

이는 경제가 성장함에 따라 국민의 경제적 기대치가 상승되는 상황에서 실질적인 경제생활수준이 오히려 하락한다면 정부에 대한 국민의 불만과 압력이 커지게 되고, 이에 따라 국민적 지지기반이 취약할 뿐 아니라 의회 내에서 다수파의 지지를 얻지 못하고 있는 대통령은 정책실패의 책임을 내각에 물어 각료교체라는 정치적 대응행위를 할 가능성이 높다는 사실을 보여준다.

둘째, 필리핀・베네주엘라・사이프러스・코스타리카 등 대통령 선거경쟁도가 1.02 이상인 10개국을 대상으로 5개 독립변인의 종속변인에 대한 설명력을 추적한 결과, 4개의 독립변인들은 모형에서 제거되고 의회분절도만이 통계적으로 유의미한 것으로 판명되었다. 그런데 모형에 유일하게 남겨진 의회분절도와 내각안정성은 역방향의 상관관계를 지니는 것으로 나타났다. 즉, 선거에서 높은 지지율을 획득하지 못한 대통령은 정책의 수립과 집행에 있어서 강력한 추진력을 발휘할 수 있는 국민적 지지기반이 취약하기 때문에, 국정운영에 대한 의회의 견제가 심하면 심할수록 내각에 정책실패의 책임을 물어 자신의 정치적 입지를 유지하려는 경향이 있다는 점을 시사해준다.

화 작업의 기초가 될 수 있는 분석모형의 설계에 있다.

<표 5-9> 확증된 모형

<table>
<tr><td rowspan="2">확증된
구간통제모형
1-A</td><td>회귀
방정식</td><td colspan="2">$Y=271.575-104.451X_1-26.184X_2-22.818X_3-0.850X_4+\varepsilon$

Y: 각료재임가능기간 평균점유율
X_1: 의회분절도 [Beta=-0.610, T=-2.890, Sig.T=0.034 (p=0.05)]
X_2: 선거경쟁도 [Beta=-1.460, T=-4.856, Sig.T=0.005 (p=0.05)]
X_3: GDP 평균성장률 [Beta=-2.116, T=-5.282, Sig.T=0.003 (p=0.05)]
X_4: 소비자물가지수 평균상승률 [Beta= -1.284, T=-4.076, Sig.T=0.010 (p=0.05)]</td></tr>
<tr><td>$R^2=0.883$</td><td>F=9.465</td><td>Sig.F=0.015 (p=0.05)</td></tr>
<tr><td rowspan="2">확증된
구간통제모형
2-A</td><td>회귀
방정식</td><td colspan="2">$Y=126.871-100.847X_1+\varepsilon$

Y: 각료재임가능기간 평균점유율
X_1: 의회분절도 [Beta=-0.661, T=-2.491, Sig.T=0.037 (p=0.05)]</td></tr>
<tr><td>$R^2=0.437$</td><td>F=6.207</td><td>Sig.F=0.037 (p=0.05)</td></tr>
<tr><td rowspan="2">확증된
구간통제모형
3-A</td><td>회귀
방정식</td><td colspan="2">$Y=132.875-32.856X_1-13.687X_2-2.133E-02X_3+\varepsilon$

Y: 각료재임가능기간 평균점유율
X_1: 선거경쟁도 [Beta=-1.266, T=-6.199, Sig.T=0.001 (p=0.05)]
X_2: GDP 평균성장률 [Beta=-1.299, T=-6.228, Sig.T= 0.001 (p=0.05)]
X_3: 소비자물가지수 평균상승률 [Beta=-0.726, T=-4.187, Sig.T=0.006 (p=0.05)]</td></tr>
<tr><td>$R^2=0.883$</td><td>F=15.068</td><td>Sig.F=0.005 (p=0.05)</td></tr>
<tr><td rowspan="2">잠정 확증된
구간통제모형
4-B</td><td>회귀
방정식</td><td colspan="2">$Y=112.881-81.512X_1-1.615E-02X_2+\varepsilon$

Y: 각료재임가능기간 평균점유율
X_1: 의회분절도 [Beta=-0.787, T=-2.801, Sig.T=0.031 (p=0.05)]
X_2: 소비자물가지수 평균상승률 [Beta=-0.607, T=-2.159, Sig.T=0.074 (p=0.05) → 모형에서 제외]</td></tr>
<tr><td>$R^2=0.603$</td><td>F=4.555</td><td>Sig.F=0.062 (p=0.05)</td></tr>
</table>

셋째, 국민경제생활수준의 지표가 되는 소비자물가지수 평균상승률이 10.40% 이상인 니카라과·멕시코·온두라스·파라과이 등 10개국을 대상으로 한 분석모형에서는 선거경쟁도·GDP 평균성장률·소비자물가지수 평균상승률이 내각안정성과 역상관관계를 지니는 것으로 밝혀졌다. 즉, 소비자물가지수 평균상승률이 상대적으로 높은 국가들에 있어서는 선거경쟁도가 높을수록, GDP 평균성장률이 높을수록, 그리고 소비자물가지수 평균상승률이 높을수록 내각이 불안정해진다고 볼 수 있다. 이는 경제생활에 대한 국민의 불만과 좌절감이 팽배해 있는 상황에서는 국민적 지지도가 낮은 대통령일수록 정책성취도가 하락될 때 가해지는 정치적 압력에 대응하기 위해 각료들을 교체할 가능성이 높다는 점을 보여 준다. 즉, 경제성장도가 커짐에 따라 국민들의 생활수준향상에 대한 기대치는 급격히 향상되나, 물가안정을 이루기 위한 정부의 능력이 이러한 기대치 상승으로 야기되는 압력을 충분히 수용할 수 있을 정도로 신장되지 못한다면 대통령은 내각교체를 통해 압력을 정치적으로 해소하려 할 것이다.

마지막으로 경제체계의 총산출 증대, 즉 경제성장의 지표인 GDP 평균성장률을 3.0% 이하로 구간화한 모형을 검증한 결과, 다른 독립변인들은 모두 제거되고 의회분절도만이 내각의 안정성과 역방향의 상관관계를 지닌다는 것이 밝혀졌다. 다시 말해서 연구대상 21개국 가운데 파나마·필리핀·코스타리카·베네주엘라 등 GDP 평균성장률이 전세계 평균에 미치지 못하는 국가들에 있어서는 의회분절도가 작을수록 내각이 안정된다는 잠정적 결론을 도출할 수 있다. 여기에서 주목해야 할 점은 이 구간통제모형에 있어서도 선거경쟁도의 수준을 통제한 모형 2-A와 마찬가지로 의회분절도만이 독립변인으로 남겨진다는 사실이다. 따라서 의회분절도는 특히 경제성장도와 선거경쟁도가 상대적으로 낮은 조건 하에서 배타적인 영향력을 발휘한다고 말할 수 있다. 그러나 이 모형을 뒷받침하는 사례의 수가 9개국에 불과하기 때문에 앞서 확증된 모형들과 비교해볼 때 통계적 설득력은 상대적으로 떨어진다.

2) 새로운 연구문제

본 연구는 민주적 대통령제 국가들의 내각안정성을 설명하기 위한 네 개의 계량통계모형을 구축하는 데 성공했으나, 소수의 국가는 모형의 적용범주를 벗어난다는 사실이 밝혀졌다. 특히 그 중에서도 우루과이는 모든 모형으로부터 일탈하는 대표적 이례가 되기 때문에, 어떠한 요인으로 말미암아 이러한 예외성이 야기되었는가를 탐색해 볼 필요가 있다. 이를 위해 우루과이에 있어서 대통령 선거와 의회선거의 양상, 그리고 행정부의 역사적 변천과정을 살펴본 결과, 다음과 같은 특성이 있음을 알 수 있었다.

우선 1995년 12월에 당선된 훌리오 마리아 상귀네띠Julio Maria Sanguinetti 대통령이 안정적 통치권을 확보하기 위한 수단으로 상당수의 각료직을 야당에게 할당했다는 점에 주목할 필요가 있다. 즉, 우루과이의 내각은 연립내각의 성격을 갖고 있었기 때문에 대통령의 대중적 지지기반이 취약함에도 불구하고 안정성을 확보할 수 있었던 것이다. 이처럼 연립내각이 비교적 쉽게 구성될 수 있었던 것은 1952년부터

1967년까지 우루과이가 경험한 "집단통치 행정부colegiado"의 전통 때문이라고 생각된다. 이렇게 볼 때 우루과이의 경우에는 이 연구에서 상정된 독립변인들 이외에 내각구성에 있어서 정당들의 연립양상이 내각안정성에 영향력을 행사하는 제3변인으로 작용했을 것이라 추측할 수 있다.

이처럼 **분석모형의 범주를 벗어나는 국가들의 경우에는 어떠한 사회문화적 · 정치경제적 고유속성으로부터 예외성이 야기되는가**를 밝히기 위한 연구, 즉 모형에서 누락된 제3변인을 규명하기 위한 이례분석이 시도되어야 할 것이다. 또한 이 연구를 통해 구축된 분석모형들이 더욱 큰 적실성을 갖기 위해서는 기존 연구들에서 정치안정의 지표로 채택된 대중시위의 양상과 내각안정성(정부안정성이나 행정부안정성) 사이의 상관관계에 대한 후속연구가 이루어져야 한다. 만일 이들 사이에 의미 있는 상관관계가 존재하는 것으로 밝혀진다면 본 연구가 갖는 이론적 함의는 더욱 커질 것이다.

□ 참고문헌

1. 우리말 문헌

구자라티[Gujarati, D., 안충영·홍성표·박완규 공역]. 2000. 『기초계량경제학』. 서울: 진영사.

김웅진. 1987. "한국정치연구에 있어서 위기개념의 적용맥락." 『제7회 한국정치학회·재북미한국정치학회 합동학술대회 논문집』. 서울: 한국정치학회, pp. 97-104.

______. 1989. "모형화작업에 있어서 인과관계의 추론척도: 실용성과 효용성에 대한 재성찰." 『한국정치학회보』 제23집 2호, pp. 385-399.

______. 1996. 『방법론과 정치적 실존』. 서울: 인간사랑.

______. 2005. "경험과학적 지역연구모형에 있어서 등가지표의 추적: 방법론적 전략." 『비교민주주의연구』 제1집 1호, pp. 5-22.

______. 2011. 『인과모형의 설계: 사회과학적 접근』. 서울: 한국외국어대학교출판부.

김웅진·김지희. 2000. 『비교사회연구방법론』. 서울: 한울.

김웅진·김지희. 2003. 『비교지역연구전략』. 서울: 인간사랑.

김웅진·박찬욱·신윤환 편역. 2000. 『비교정치론강의 1』. 서울: 한울.

김웅진 외. 2001. 『정치학조사방법』. 서울: 명지사.

김철훈·권오철. 1990. 『물가의 인과관계 및 정보체계론』. 서울: 물가협

회출판국.

김홍규. 1997. 『사회과학통계분석 SPSS for Windows』. 서울: 나남.

오명호. 1992. 『현대정치학이론』. 서울: 박영사.

한창호. 1985. 『경제학원론』. 서울: 일신사.

현대사회연구소 편. 1986. 『한국정치발전의 현실과 과제』. 서울: 현대사회연구소.

2. 외국어 문헌

Achen, C. 1982. *Interpreting and Using Regression, Quantitative Applications in the Social Sciences* 29. Beverly Hills, CA: Sage.

Almond, G. and Genco, S. 1977. "Clouds, Clocks, and the Study of Politics." *World Politics* 29:4, pp. 489-521.

Almond, A., Powell, G., and Mundt, R. 1996. *Comparative Politics, A Theoretical Framework*. New York: Harper-Collins Publishers.

Asher, H. 1976. *Causal Modeling, Quantitative Applications in the Social Sciences* 3. Beverly Hills, CA: Sage.

Babbie, E. 1986a. *Observing Ourselves*. Belmont, CA: Wadsworth.

______. 1986b/2004. *The Practice of Social Research*. Belmont, CA: Thompson/Wadsworth.

Blalock, A. and Blalock, H. 1982. *Introduction to Social Research*. Englewood Cliffs, NJ: Prentice-Hall.

Blalock, H. 1964. *Causal Inferences in Nonexperimental Research*. Chapel Hill, N.C.: University of North Carolina Press.

______. 1972. *Social Statistics*. New York: McGraw-Hill.

Borooah, V. 2002. *Logit and Probit, Ordered and Multinomial Models, Quantitative Applications in the Social Sciences* 138. Thousand Oaks, CA: Sage.

Brodbeck, M., ed. 1968. *Readings in the Philosophy of the Social Sciences*. New York: Macmillan.

Bunge, M. 1959. *Causality*. Cambridge, Mass.: Harvard University Press.

Caldwell, B. 1982. *Beyond Positivism: Economic Methodology in the Twentieth Century*. London: George Allen & Unwin.

Campbell, D. and Stanley, J. 1963. *Experimental and Quasi-Experimental Design for Research*. Chicago: Rand Mc-Nally.

Carmines, E. and Zeller, R. 1979. *Reliability and Validity Assessment, Quantitative Applications in the Social Sciences* 17. Newbury Park, CA: Sage.

Conway, M. and Feigert, F. 1969. *Political Analysis: An Introduction*. Boston: Allyn and Bacon.

Dallmayr, F. and McCarthy, A., eds. 1977. *Understanding and Social Inquiry*. Notre Dame, Ind.: University of Notre Dame Press.

Davis, J. 1985. *The Logic of Causal Order, Quantitative Applications in the Social Sciences* 55. Newbury Park, CA:

Sage.

Dogan, M. and Pelassy, D. 1984. *How to Compare Nations, Strategies in Comparative Politics*. Chatham, NJ: Chatham House.

Downs, A. 1957. *An Economic Theory of Democracy*. New York: Harper & Row.

Easton, D. 1971. *The Political System: An Inquiry into the State of Political Science*. Chicago: University of Chicago Press.

______. 1979. *A Framework of Political Analysis*. Chicago: University of Chicago Press.

Gouldner, A. 1968. "The Sociologist as Partisan: Sociology and the Welfare State." *American Sociologist* 3, pp. 103–116.

Guy Peters, B. 1998. *Comparative Politics, Theory and Methods*. New York: New York University Press.

Hage, J. 1972. *Techniques and Problems of Theory Construction in Sociology*. New York: Wiley-Interscience.

Hage, J. and Meeker, B. 1988. *Social Causality*. Boston: Unwin Hyman.

Hempel, C. 1965. *Aspects of Scientific Explanation*. New York: The Free Press.

Isaak, A. 1981. *Scope and Methods of Political Science*. Homewood, Ill.: Dorsey.

Iverson, G. and Norpoth, H. 1976. *Analysis of Variance, Quantitative Applications in the Social Sciences* 1. Beverly Hills, CA: Sage.

James, L., Mulaik, S., and Brett, J. 1982. *Causal Analysis, Assumptions, Models, and Data*. Beverly Hills, CA: Sage.

Kaplan, A. 1998. *The Conduct of Inquiry*. New Brunswick, NJ: Transaction Publishers.

Keat, R. 1981. *The Politics of Social Theory*. Chicago: University of Chicago Press.

Kim, J. and Mueller, C. 1978. *Factor Analysis, Quantitative Applications in the Social Sciences* 14. Beverly Hills, CA: Sage.

Kuhn, T. 1970. *The Structure of Scientific Revolutions*. Chicago: University of Chicago Press.

Laakso, M. and Taagepera, R. 1979. "'Effective' Number of Parties: A Measure with Applications to West Europe." *Comparative Political Studies* 12, pp. 3-27.

Lakatos, I. 1986. *The Methodology of Scientific Research Programme*. London: Cambridge University Press.

LaPalombara, J. 1970. "Parsimony and Empiricism in Comparative Politics: An Anti-Scholastic View." Holt, R. and Turner, E., eds. *The Methodology of Comparative Research*, pp. 123-149. New York: Free Press.

Lewis-Beck, M, *et al.*, eds. 2004. *The Sage Encyclopedia of Social Research Methods*, Vol. 2. Thousand Oaks · London · New Delhi: Sage.

Lijphart, A. 1971. "Comparative Politics and the Comparative Methods." *American Political Science Review* 65:3, pp. 682-693.

______. 1984. "Measures of Cabinet Durability: A Conceptual and

Empirical Evaluation." *Comparative Political Studies* 17, pp. 255-266.

Little, D. 2004. "Endogenous Variable," "Exogenous Variable." Lewis-Beck, M., Bryman, A., and Liao, T., eds. *The SAGE Encyclopedia of Social Science Methods*, Vol. 2, pp. 308-309, 347. Thousand Oaks, CA: Sage.

McGaw, D. and Watson, G. 1976. *Political and Social Inquiry*. New York: Wiley.

Merton, R. 1968. *Social Theory and Social Structure*. Toronto: Collier-Macmillan.

Mills, C. 1959. *The Power Elite*. New York: Oxford University Press.

Nachmias, C. and Nachmias, D. 1996. *Research Methods in the Social Sciences*. New York: St. Martin's.

Nagel, E. 1979. *The Structure of Science*. London and Henley: Routledge & Kegan Paul.

Ostrom, C. 1978. *Time Series Analysis: Regression Techniques, Quantitative Applications in the Social Sciences* 9. Beverly Hills, CA: Sage.

Popper, K. 1972. *Conjectures and Refutations*. London and Henley: Routledge & Kegan Paul.

______. 1999. *The Logic of Scientific Discovery*. London and New York: Routledge.

Powell, B. 1982. *Contemporary Democracies: Participation, Stability, and Violence*. Cambridge, Mass.: Harvard University Press.

Przeworski, A. and Teune, H. 1970. *The Logic of Comparative Social Inquiry*. New York, Wiley.

Riley, G., ed. 1974. *Values, Objectivity, and The Social Sciences*. Reading, Mass.: Addison-Wesley.

Robertson, J. 1984. "Toward A Political-Economic Accounting of the Endurance of Cabinet Administrations: An Empirical Assessment of Eight European Democracies." *American Journal of Political Science* 28, pp. 693–709.

Rudner, R. 1966. *Philosophy of Social Science*. Englewood Cliffs, NJ: Prentice-Hall.

Sartori, G. 1970. "Concept Misformation in Comparative Politics." *American Political Science Review* 64:4, pp. 1033–1053.

Schutt, R. 1996. *Investigating The Social World*. Thousand Oaks, CA: Pine Forge Press.

Shipan, C. 2004. "Model." Lewis-Beck, M., Bryman, A., and Liao, T., eds. *The SAGE Encyclopedia of Social Science Methods*, Vol. 2, pp. 655–656. Thousand Oaks, CA: Sage.

Stepan, A. and Skach, C. 1982. "Presidentialism and Parliamentarism in Comparative Perspective." Linz, J. and Valenzuela, A., eds. *The Failure of Presidential Democracy: Comparative Perspectives*, pp. 119–136. Baltimore, Md.: Johns Hopkins University Press.

Taylor, M. and Herman, V. 1971. "Party Systems and Government Stability." *The American Political Science Review* 65, pp. 28–37.

Turner, J. 1974. *The Structure of Sociological Theory*. Homewood, Ill.: Dorsey.

Warwick, P. 2007. *Government Survival in Parliamentary Democracies*. Cambridge: Cambridge University Press.

Wilson, J. 1983. *Social Theory*. Englewood Cliffs, NJ: Prentice-Hall.

Weber, R. 1985. *Basic Content Analysis*. Newbury Park, CA: Sage.

□ 찾아보기

〈ㅇ〉

□ 저자 소개

| 김웅진 |

한국외국어대학교 정치외교학과를 졸업하고 미국 University of Cincinnati에서 정치학 박사학위를 받았다. 전공분야는 정치학연구방법론과 사회과학철학. 현재 한국외국어대학교 정치외교학과 교수로 재직 중이며, 영국 University of Exeter 정치학과 Leverhulme Fellow, 한국외국어대학교 사회과학대학 학장, 한국정치학회 연구이사 및 편집이사 등을 역임했다. 주요 저서로는『인과모형의 설계: 사회과학적 접근』(2011),『과학패권과 과학민주주의』(2009),『비교지역연구전략: 방법론적 성찰』(2003, 김지희와 공저),『비교사회연구방법론』(2000, 김지희와 공저) 외에 여러 권의 단독저서와 공동저서가 있다.

| 김지희 |

한국외국어대학교 정치외교학과를 졸업한 후 같은 대학에서 정치학 박사학위를 받았다. 현재 비교민주주의연구센터 선임연구위원. 전공분야는 정치학연구방법론과 비교정치론이며, 영국 University of Exeter 정치학과 Research Assistant, 한림대학교 연구교수, 통일연구원 프로젝트 연구위원을 역임했다. 주요 저서로는『대통령과 내각』(2007),『신뢰사회를 향하여』(2007),『비교지역연구전략: 방법론적 성찰』(2003, 김웅진과 공저),『비교사회연구방법론』(2000, 김웅진과 공저) 등이 있다.

[개정판]

정치학 연구방법론

초판　1쇄 인쇄　2005년 12월 14일
초판　1쇄 발행　2005년 12월 20일
초판　2쇄 발행　2009년　3월 15일
개정판 1쇄 발행　2012년　3월 10일

지은이 김웅진 김지희

펴낸곳 명지사
대표 최병문
주소 서울시 중구 장충동 2가 190-5 폴리빌딩
전화 02-2271-3117
팩스 02-2264-9029
이메일 myzisa@ymail.com
등록 1978년 6월 8일 제5-28호

Printed in Seoul Korea.
ISBN 978-89-7125-185-0 93340

가격: 25,000원